NAVAJO COYOTE TALES
The Curly Tó Aheedlíinii Version

Father Berard Haile, O.F.M.

Navajo Orthography by
Irvy W. Goossen

Edited, with an Introductory Essay, by
Karl W. Luckert

University of Nebraska Press

Lincoln and London

Copyright 1984 by the University of Nebraska Press
Manufactured in the United States of America

Published in collaboration with LUFA-type and the Museum of
Northern Arizona

First Bison Books printing: 1984
Most recent printing indicated by last digit below:
15   14   13   12   11   10   9   8

Library of Congress Cataloging in Publication Data
Haile, Berard, 1874–1961.
Navajo coyote tales.
(American tribal religions; v. 8)
English and Navajo.
1. Navajo Indians—Legends. 2. Indians of North America—
Southwest, New—Legends. 3. Coyote (Legendary character)
4. Navajo language—Texts. I. Luckert, Karl W., 1934–   II. Title.
III. Series.
E99.N3H243   1984   398.2′452974442′0979   83-23462
ISBN 0-8032-2330-7
ISBN 0-8032-7222-7 (pbk.)

♾

Contents

Numbers in parentheses refer to Navajo texts

Acknowledgments

When a book of this kind finally appears in finished form, its editor owes thanks to a number of friendly people and institutions. First and foremost he appreciates the enthusiasm with which the late Curly Tó Aheedlíinii has cooperated with Father Berard to make his Coyote legends available, in writing, for future generations. Special thanks are due to the Franciscan Missionary Union for granting permission to add yet another work of Father Berard to the growing list of American Tribal Religions monographs. Copies of the manuscript are being stored in University of Arizona Special Collections and at the Museum of Northern Arizona. Both institutions have graciously assisted the editor during his research and furnished working copies of the manuscript. Irvy W. Goossen has again transcribed Father Berard's original orthography, to make it correspond to contemporary written Navajo. The Navajo text has been typeset by Ursula Luckert. For the introductory essay helpful suggestions were offered by Ekkehart Malotki.

Karl W. Luckert

NAVAJO COYOTE TALES

Coyote in Navajo and Hopi Tales

An introductory essay
to Volumes Eight and Nine
of the "American Tribal Religions" series
by Karl W. Luckert

ROAMING IN RELIGION AMONG GODS

Volumes Eight and Nine of the "American Tribal Religions" mono-
graph series present Coyote tales of the Navajo and Hopi Indians. Coyote
tales, in books dedicated to the publication of religious documents, are
destined to raise some eyebrows. What does the Coyote of Navajo and
Hopi mythology have to do with religion? Is Coyote perhaps a divine
being or god? Quite naturally, these questions immediately raise the more
basic issue of definitions. What is religion? What are gods? The first of
these questions, concerning the definition of religion, pertains to the
scope of this monograph series, the second affects our understanding of
mythological characters in every volume.

"Religion" is a category of thought conceived by and for Western
minds. Every category under which world-wide phenomena are being
classified is, in some sense, inadequate for its task. Categories, in order to
be useful, must be broad enough to accommodate data from a variety of
cultures all over the world; they must in a precise manner differentiate
their contents from subject matters which do not belong. Because
definition-makers also belong to specific cultures, their personal histories
of thought can never be completely isolated from their task. How restric-
tive might a definition of religion be?

A popular example of an overly restrictive definition is the case of
religion being defined in terms of some "notions about the supernatural."
This definition limits our perception of religious phenomena to culture
areas of the world in which "nature" is believed to be clearly definable.
Not everywhere in the world have peoples' perspectives of their world
become schizoid in the same manner as ours—nature/supernatural,
matter/spirit, physics/metaphysics. On the contrary, most peoples of the
world revere gods who manifest themselves visibly within the realm we

[3]

comprehend as "nature" and who easily drift away from that realm, extra-naturally. A Western commentator, though he may have a clear historical perspective of this issue, finds himself nevertheless in a quandary when he tries to explain it. The statement, that most gods in the world are manifest materially *as well as* spiritually, subscribes, implicitly and too quickly, to the matter/spirit dichotomy of the Indo-European worldview. Once an ontology has been cut into opposing halves, and once the parts have in a given language been named, speakers of that language will thenceforth have great difficulty thinking about that which once was an undivided whole. Most peoples of the world do not divide reality exactly in the same manner as we Indo-Europeans; their worlds tend to break along fault lines which are indigenous to their own experience. They are more likely to resolve our matter/spirit dichotomy by distinguishing, instead, various degrees of visibility among such entities which we have classified as "matter." The corollary, degrees of invisibility, includes for most peoples what we Indo-Europeans have all too quickly vaporized into the category of "spirit." All this adds up to saying that the religions, of people who do not think "material nature," and who therefore do not distinguish nature and the supernatural, cannot be understood fairly by applying our alien definition.

Another definition of religion, as "reverence for and dependence on God or gods," is also overly restrictive. This definition deprives the historian of religions of the flexibility which he needs to understand the sudden religious counter-movements which denounce the gods of earlier traditions and in protest declare them non-existent. Primitive Buddhism, Marxism, and other such atheisms are cases in point.

Religion defined as "human response to manifestations of sacred realities (i.e. hierophanies)," is an adequate statement as long as one's audience consists of people who cherish among their own memories personal encounters with qualitatively describable "sacred" realities.[1] This writer can no longer assume such an audience. He therefore defines religion quantitatively in terms of what is greater, as "man's response to so-conceived greater-than-human configurations of reality."

Every human being lives in three proportionally distinct dimensions of reality. He lives among so-conceived greater realities, among potential equals, and among so-conceived lesser realities. Lesser entities can be manipulated, experimented with, conquered and controlled; human aggression and progress, the sciences, technology and the arts, all score heavily as involvements in this dimension of reality. At the middle of the

---

[1]For a masterful exposition of this definition see Mircea Eliade, *Patterns in Comparative Religion,* Cleveland, 1963.

spectrum potential equals share, communicate, and compete with one another; social cooperation and humanistic learning thrive at this balance point of equality in accordance with the Golden Rule. By so-conceived greater-than-human configurations of reality a human being is fascinated, awed, scared, experimented with or dealt with in some other fashion, tranquilized and eventually done in. Thus, ranging from fascination, which is the mildest form of religious experience, to mystic surrender or death which constitutes the most intense, religion encompasses half of all possible degrees of human experience and ontological involvement.

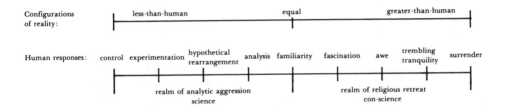

Fig. 1. Human responses to so-conceived configurations of reality

Inasmuch as less-than-human and seemingly controllable reality configurations can reassemble and appear as enlarged threats to human existence, the question of whether the universe contains more greater-than-human or more less-than-human realities can invite only uncertain speculation. Generally speaking, growing people in an expanding eco-system see more less-than-human, while dying people in a shrinking world face greater-than-human realities at every step. In our techno-logically progressive Western civilization the left side of our scale is furnished overabundantly with categories of aggressive methodology. Nonetheless, all these methodological rationalizations of aggressiveness cannot conceal our civilization's general drift toward imbalance and eventual self-extinction. At the other side of the scale, religious minds of all persuasions have cultivated a great variety of responses to greater-than-human dimensions of reality. For example, where many modern minds would hesitate to acknowledge as few as four levels of religious involvement, as our present diagram distinguishes, Buddhist learners recognize in accordance with the Eightfold Path a minimum of eight. The complexity of the scale and its imbalance vary in time and from one culture to another. Thus, if we were to project this scale back to simpler prehuman levels of evolution, to a level of animal existence, the possibilities during an individual's life span—ranging from "eating" (i.e. control) to "being eaten" (i.e. surrender)—would still divide nicely at a midpoint where members of the same species practice sharing in order to survive as potential equals.

If religion is defined in this manner, then what are gods or goddesses? The historian of religions may note them as so-conceived greater-than-human configurations of reality who have revealed themselves to humankind with a measure of personal attributes. All configurations of reality, when they are recognized as being truly greater, tend to reveal themselves eventually with at least the amount of "personality" which the experiencer postulates for himself. This human tendency to discover divine personhood follows, of course, a solid rule of common sense. A reality configuration which is incapable of communicating personally at the human level will, regardless of its size or show of power, eventually be analyzed into something less than human. An impersonal force may be experienced, temporarily, as something which is as powerful as a god; but, until it is capable of communicating with some of its human inferiors it cannot be recognized by them as a personal being or be discovered as their god.

The world in all three proportional dimensions is seemingly alive and ever changing. The minds of human observers must therefore remain alert. After analytic minds rediscover certain traditional gods as less-than-human impersonal forces, that is, as "dependent" variables, they are eventually compelled to also deny the existence of those gods. If they refuse to deny them their ontological status, that is, if they merely undertake to control portions of them, ceremonially or scientifically, the practical result will be the same. Whether controlled personages are former equals or former superior beings, they have lost their status at the very moment when they became controllable. Application of human control reduces all its victims not only to less-than-divine but also to less-than-human status. If a human controller nevertheless insists on calling his subjects "equals" or "gods," his vocabulary is violated. He must then find new words to re-name those realities who still remain truly his equals or who truly are greater than he. On the other hand, analytic reasoning is not the only possibility for human thinking about reality. Analysis is limited to half the spectrum. It yields true results only where less-than-human realities become the subject matter, that is, less-than-human realities which are maintainable as such.

Human discoveries and proportional common sense move also in the other direction. In the history of religions many former impersonal forces have in time revealed themselves to frightened people as personal devils or capricious gods. Some former capricious gods have been rediscovered as personages who did, after all, care for the survival and welfare of humankind. And beyond that, frightened people have been saved from their fears; they have risen under the umbrella of greater-than-human grace, namely in the religious dimension, to the level where they became fellows, grandchildren, children, brothers or sisters, of their divine sponsors. Coyote has shown himself to Navajo and Hopi Indians over the entire spectrum of divine, human, and sub-human existence. He has actively participated in the entire drama of human misfortunes and divinely sponsored salvation.

COYOTE'S RANGE

Coyote appears on many levels. He is perhaps the most versatile of all Navajo legendary and mythological characters — certainly the one whose versatility is most talked about. Many scholars like to think of Coyote as the arch-trickster of Southwest Indian mythology. But this is not quite correct. In the Navajo and Hopi tales many tricksters are featured alongside Coyote, and most of those others are better tricksters than Coyote.

There is no single label which can contain Coyote in a neat and controllable scholarly category. Coyote is too much for academic systems, too lively and too restless to submit to analytic scalpels. The most a commentator can inflict on this archaic all-person is to recognize him as such a one and to construct a larger name for him, one which identifies most status levels over which he is said to have roamed. Coyote is Excrement-corpse-fool-gambler-imitator-trickster-witch-hero-savior-god.

Coyote appears at many status levels, disappears as readily as he appears, roams, tumbles, slides, and skips from one level on to another. His range is a continuum that can only be diagrammed as such. At either side the diameter of his realm does not end because of some inherent limitation in Coyote; the scale ends because beyond the point of his death

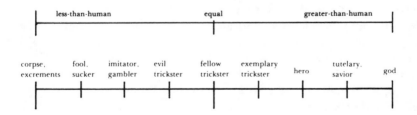

Fig. 2. Coyote's range of status levels

on one side, and his godhood on the other, human storytellers and their listeners, writers and readers, reach their wits' end. Nevertheless, within the limits of all conceivable human possibilities—as does the human mind—Coyote roams the landscape, the waterfront, the underworld, and the sky.

The Hopi contributors to the Glossary in *Hopi Coyote Tales* (American Tribal Religions, Volume 9) insist that a Hopi Indian "has no use for the coyote whatsoever...Coyote believes everything he is told...gets into all sorts of predicaments and people laugh at him." Accordingly, Coyote is a dupe whose name is approximately synonymous with "sucker." "He gets himself into sticky situations because of his lechery. Once in a while, however, he will do something beneficial for people." "For some Hopi the coyote constitutes a clan totem."

As negative as this Hopi evaluation of Coyote may seem at first, the informant admits that once in a while Coyote will do something beneficial for people. This statement, by itself, does not elevate the character much above the level of an exemplary equal. But for some Hopi Indians Coyote is a clan totem, and as a clan totem he has at one time or another functioned as the sponsoring deity of a clan—derogatory tales which are told nowadays about the origin of the Water Coyote clan notwithstanding. This writer remains convinced that American Indian totemism is rooted more deeply in its own guardian spirit and vision quest traditions than in French sociology or in "social representations." Then, the full collection of *Hopi Coyote Tales,* published as companion volume, demonstrates in three lengthy narratives (Chapters 19, 20, 21) that Coyote is at least thinkable as having functioned for some early Hopi people at the level of a heroic savior. Thus, the range of the Hopi Coyote can be drawn to extend from the high level of a traditional clan deity to that of a lowly sucker who regularly dies on account of his uncontrolled impulses and his boundless stupidity.

The range of status of the Navajo Coyote is approximately the same as that of his Hopi counterpart. Coyote is the totemic sponsor also of a Navajo clan. Moreover, in the nine-night Coyoteway healing ceremonial he is identified as the divine originator of Coyote illness, also as the provider of all the ceremonial means which are used in that healing effort —procedures, prayers, songs, medicines, and paraphernalia. These means of grace the Coyote gods have taught to the first shamanic Coyoteway singer, down in their underworld homeland. Their purpose is to reconcile human sufferers with the Coyote People whom the patient might earlier have offended.

To be sure, some Navajo ceremonial words and gestures are forceful expressions of human desire. They make no bones about the fact that the desire of the patient, the get-well wish of his kin and of the singer-priest whose services they have enlisted, shall carry over and also become the will of the gods. But all this can scarcely be construed as ceremonial human control. Certainly, the temptation to insist on more say-so than is proper is known to priests in every religion. But the Coyote of Coyoteway, while this writer has observed and participated in that ceremonial, was never controlled by his priestly representative. He was emphatically persuaded, certainly, reminded of his primordial bestowal of healing grace, and in any case reconciled with the patient and his other human companions.

For an understanding of Coyoteway the Navajo historical situation must be taken into account. Without having experienced in the course of their history a monarchy, the Navajo people have never learned how to flatter human kings and have never been humiliated to where they had to develop the art of begging from them. A Navajo grandchild may say straightforwardly "Grandfather, you give me this!" The grandfather may give or may refuse, but he will not humiliate that child by demanding "say 'please'!" — much less the extra polite "say 'please' please!" Such directness with human elders in everyday life carries over into adult dealings with their divine superiors. More significant for a religious assessment of Coyoteway is still the fact that all words, which are spoken or chanted during a performance, together with all activities, were originally pre-scribed and demonstrated by, and thus learned from, the Coyote gods themselves. This information was traditionally learned by all priestly singers when, beyond acquiring the necessary practical skills, they were taught by their mentors the origin myth or "theory" of their chantway. In Navajo medicinal practice, as elsewhere, practice without theory is blind. Throughout the nine-night performance of Coyoteway the divine Coyote People are in charge, they rank second only to the Talking-god who participates as "grandfather" of the entire Navajo pantheon. As in all Navajo Holyway healing rites, in Coyoteway the singer officiates as a priestly mediator and reconciler between potentially gracious gods and temporarily estranged human patients.

Coyote in Coyoteway is of high divine rank. His inclusiveness is asserted even to the point where those episodes in which he appears as entertaining imitator-fool, such as we have before us in this volume, are acknowledged and fully ascribed to him. In 1974 this writer was personally instructed by Man With Palomino Horse, one of two surviving retainers of the Coyoteway tradition, about this identity of the divine and the trotting Coyote.[2] The combination of Coyote and Trickster loses its

[2]Published in Luckert, *Coyoteway, a Navajo Holyway Healing Ceremonial* (Johnny C. Cooke, Navajo Interpreter), Tucson and Flagstaff, 1979, pp. 101, 127, 209.

problematic edge as soon as one's eyes are opened for the historical dimension. Among Stone Age *Homo sapiens* hunting was not yet a sport. It was raw trickery. Hunters were tricksters, their shamanic leaders were coordinators of communal trickery, their healing efforts were divinely justified trickery, and the hunter gods themselves could impress human protégés only when they proved themselves to be superior or greater-than-human tricksters. But what if the same divine Coyote is found out to be a fool? As a greater-than-human trickster he quickly regains his poise, and all his failures can be explained, devoutly, as intentional showings of divine humility toward human inferiors or as generous communicational downward adjustments.

ROAMER ON THE RANGE OF NAVAJO TALES

To say that Coyote exists on many levels is not quite correct. He does not exist unchangingly at any one level. He roams across many. Using the scale of status levels which was drawn up for the previous section, Coyote's movements can approximately be plotted for each narrative. Each line of the diagram will be documented in summary statements. The reader is of course encouraged to refine these diagrams in accordance with what he himself discovers in the texts — or to redraw them entirely.

Coyote and Skunk. At the beginning of this story Coyote appears as an exemplary trickster who can use rain and high water to serve his own ends. With a fellow hunter, Skunk, he plots to kill prairie-dogs. Later he attempts to deprive his partner of his share by recasting basic hunter ethics in terms of a sportive game.[3] Coyote runs his race alone and is so exposed as being the fool. Even his reputation as heroic thief-of-fire of primeval times is being ridiculed in the process. He is reduced to a level at which he survives on other people's leftovers. At the end of the story he returns to his cornfield, sufficiently recovered for a new beginning as a potential equal of planter folk.

Coyote and Deer. Coyote approaches a doe as a potential equal, and as a fool he accepts her flippant advice. He burns his own children. Avenging himself he kills the Deer Woman in two ways, with arrows and witchcraft, which are both methods of *Homo sapiens*. The Deer, as ordinary victim of hunters, remains dead while Coyote by contrast enjoys

---

[3]A similar subterfuge to hunter ethics by Coyote is narrated below, in the story of Porcupine, Elk, and Coyote, pp. 41ff. For an excellent account of an actual narration of this story see J. Barre Toelken, "The 'Pretty Language' of Yellowman: Genre, Mode, and Texture in Navajo Coyote Narratives," in *Hasifrut/Literature,* Tel Aviv, 1975, pp. 211-235.

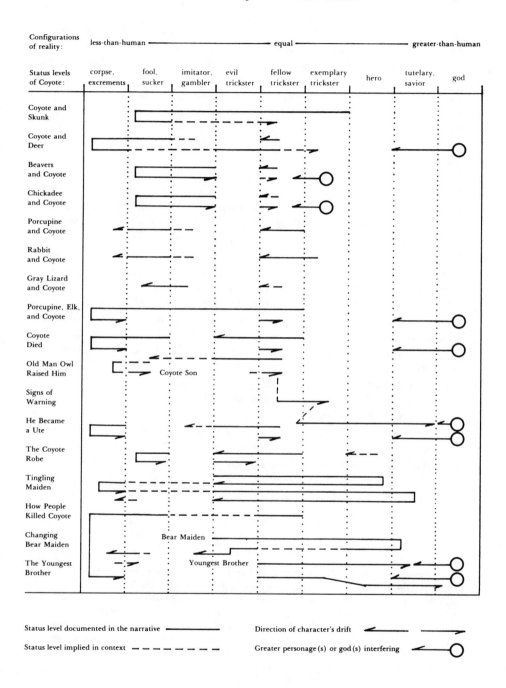

Fig. 3. Coyote's roamings among status levels in Navajo tales

the sponsorship of divine tutelaries in the sky realm. They resurrect Coyote's children and thus, implicitly, justify his lifestyle as a hunter.

Beavers and Coyote. Trying to imitate the apparent participation of Beavers in the divine condition of "prehuman flux," Coyote gambles and loses his skin.[4] He stands exposed as naked fool. A reversal of his misfortune comes later when a fellow hunter-trickster gives him his spare coat. By virtue of his new appearance Coyote becomes potentially Badger's equal, but he nevertheless continues to behave as a foolish gambler.

Chickadee and Coyote. Considering himself a match for the playful Chickadee People, Coyote gambles his eyes and loses them. The birds in this story function as trickster-transformers, endowed with divine powers which are capable of stabilizing the primeval condition of transformational flux (see Footnote 4). They are given credit for setting the pitch-balls which Coyote now has as eyes. As a gambler Coyote makes things unpleasant for others, but his return to his children leaves him about midrange on the spectrum of ontological proportions.

Porcupine and Coyote. Failing to imitate Porcupine in his tricks of transforming bark into jerked meat, sticks into sausages, and noseblood into meat morsels, Coyote demonstrates that he is a dupe. His cooking of "light-colored" nose-blood suggests phlegm dripping into the cooking pot; thus, the narrative features a touch of soft scatology which, of course, reduces Coyote's status further. The parallel in *Hopi Coyote Tales,* Chapter 1, is a more complete narrative and is probably closer to the prototype of both versions.

Rabbit and Coyote. Coyote as hunter catches Rabbit, he thus proves himself at the outset to be the superior trickster. But the score is soon reversed by Rabbit who, as it turns out, is a skillful humanlike talker capable of talking Coyote into taking a chance. Though overall physically inferior to Coyote, Rabbit outsmarts his pursuer in many intelligent ways.

[4]"Prehuman flux" refers to the primordial condition, mentioned in Navajo and other American Indian mythology, which prevailed prior to the creative event that fixed all beings in their present modes of appearance. For other examples see below, pp. 35ff., 65ff. Developmentally, prehuman flux mythology is rooted in Stone Age hunter mysticism. It characterizes an extreme posture in the religious dimension of hunter thought. In post-hunting or sedentary cultures the paradisiac condition of prehuman flux equality and transformability is no longer appreciated. A clear example of prehuman flux transform-ability, defamed as trickery and witchcraft, can be found in "Coyote Learns Sorcery" (see Malotki, *Hopi Coyote Tales,* pp. 161ff). The term "prehuman flux" was first applied to Navajo mythology, and discussed, in Luckert, *The Navajo Hunter Tradition,* Tucson, 1975, pp. 133ff. Compare also Footnote 7, below.

Above all, it is Coyote's clumsiness with fire and hot pitch that renders him a less-than-Rabbit foolish dupe. A scatological exclamation indicates Coyote's lowest point. A "place where Coyotes usually defecate" is the equivalent of a human outhouse. This proverbial pun suggests that Coyote feels familiar splashings on his face without, in proper outhouse fashion, having also heard splashings below or behind him.

Gray Lizard and Coyote. Trying to imitate playful lizards, clinging to rolling stones, Coyote fails and leaves the scene as a fool. This story, which in its present shape contains no traces of the religious dimension, is being sung about in the Coyoteway ceremonial (see Footnote 2, above). Coyote, who is here obviously shown off as imitator-fool, is there fully identified with the divine sponsor of Coyoteway.

Porcupine, Elk, and Coyote. The story begins with Porcupine's successful trick, of killing Elk from the inside out. Throughout the narrative Porcupine remains the successful trickster and holds his own as a foil to the rather foolish Coyote. Coyote comes unto the scene as a potential equal but, immediately, plots to deprive Porcupine of his right- ful meat. As player and gambler Coyote insists on a sports contest to undercut basic hunter rights. Porcupine is forced to give in, is even killed several times by the evil Coyote, but survives. When Coyote leaves to get his family, Porcupine secures all the meat to the top of a tall pine- tree. From above he succeeds in killing the entire Coyote family. The killing of the youngest Coyote, the potential savior-hero of the Coyote species, is heightened to a climactic spectacle. He is allowed to plunge to his death with a generous dose of scatological ridicule. Corpses of Coyotes and their excrements are valued equally low. Higher gods finally restore the Coyotes back to life.

Coyote Died. Coyote appears as a fellow planter, terribly attached to his corn. Trespassing against planter rights he appropriates Horned Toad's corn and hut by reducing the owner, hunters' fashion, to a meal. Coyote, as an uninformed predator-bungler, can not anticipate ghost trouble, something which sedentary planters thoroughly understand. The hogan in which the sedentary Horned Toad dies is claimed by his ghost as his permanent dwelling place. Coyote as hunter trickster is killed, from the inside out. He dies but is resurrected by higher sky gods.

In the second portion of this narrative Coyote begins in the role of a generous father, but he gambles his reputation. Plotting incest he fakes death, disappears for a period of four years, and reappears to marry his own daughter. He is found out. His former wife moves back in with him while his daughter gives birth in shame and abandons her son.

Old Man Owl Raised Him. The narrative at this point detours away from Coyote and features Coyote's son as its central character. As a castaway the son begins at the level of abandoned excrement at which level the tricks of his evil father have made it necessary for him to begin. He is subsequently adopted by Owl People as a helpless (i.e. foolish) baby and raised to maturity by them.[5]

Signs of Warning. As a mature person, behaving sensibly and religiously, the Coyote Son is ready to meet persons who furnish him with trustworthy information. His fetus bag, a burned stick, a broken pot, a cane, a whisk broom, and a broken stirring stick appear not as mere heirlooms from the history of his family but in the form of fellow young men who know more than he and are capable of showing him the way. Anything in this world can momentarily reveal itself as greater; in like manner, his Owl foster parents suddenly threaten him as superior beings. He sacrifices religiously and now appeases his former foster parents as gods. Then, Little Wind becomes his divine informant and tutelary. Cultivating realistic religious responses toward these greater ones—Little Wind, Old Owl Man, and Old Owl Woman—the Coyote Son now matures into a hero.

He Became a Ute. The topic of this section is an understatement. Coyote's son, in fact, becomes the creator of the Ute Indians. He begins his ascent by coming to the Navajo camp and desiring only to be recognized by his nearest kin. Their embarrassment about his presence hinders them from responding positively. Once rejected, the Coyote Son is motivated by anger. He exercises shamanic skills in moving about by way of his separate shadow-soul. He ascends to hero status and continues rising toward godhood by creating and by saving his own tribe of people. Coyote's bastard son has become a Great One, a god, of the Ute Indians. The actual Coyote story, which was diverted to the life and adventures of Coyote's son, concludes quickly with the custumary plot. On the Navajo side Coyote was restored by higher gods of the sky realm to his ordinary life as a trickster.

The Coyote Robe. Coyote now roams among the Holy People, greater-than-human beings of the Navajo pantheon. In passing he is mentioned as the past heroic thief of fire at Emergence Place, in primeval times. Nevertheless, Coyote is feared because he can behave as an evil witch, namely, as an ambivalent combination of hero and evil trickster. The story quickly lowers him to the level of a foolish child which does not understand the rudiments of commerce and monetary payment. He begs clothes, and when clothes are refused he begs for the currency with

---

[5]This Navajo version of the theme "from rags to riches," according to which an unlikely bastard son becomes a hero and divine being, has its counterpart elsewhere in Navajo mythology in the person of the shamanic Youngest Brother or the Sloppy One. See below, pp. 14, 22f., 85ff.

which he hopes to buy them. The mythical event in Navajo and other American Indian mythology, which has fixed external appearances of people in flux, and has attached skin-clothes permanently, is here projected into a clothing store of the Pueblo Indian type. The Spider People who finally fix and reduce Coyote to a four-legged and furry animal, carry themselves as beings who are greater than he. But, remembered by them as a hero and potential equal, Coyote is still feared for his evil tricks, i.e., for his archaic hunter behavior.

Tingling Maiden. As the suitor of Tingling Maiden, a potential equal, Coyote is challenged to rise and become the heroic slayer of Big *Yé'ii.* A subsequent hunting contest with Badger proves that he is a fellow trickster with superiority of a very untrustworthy sort. Four times he permits himself to be killed by the maiden he wishes to marry, but, with godlike skill, he resuscitates himself. Afterward, as her successful seducer he becomes the maiden's equal. Her and her brothers' habitat gets scented with Coyote urine. This is how Coyotes, in animal form, claim property and their territory. Even though we are told that the brothers hung their heads in shame, for the human storyteller and listener it is actually Coyote who finishes this episode on the status level of his urine.[6]

How People Killed Coyote. The episode begins with Coyote insisting that he be accepted as an equal by the other hunters. Driving animals toward the others does, from a human perspective, visibly reduce him to the level of being their hunting dog. When the hunters refuse his claim to equality, his share of horns, he avenges himself with hardening these. By determining the nature of mountain-sheep horns Coyote functions as a primeval trickster-transformer who can wield divine and creative power.[7] Nevertheless, Coyote fails while attempting the mundane task of carrying home the venison. Decorating trees and the countryside with meat is definitely the work of a childish fool. Spider People finally entrap

---

[6]The scatological implications are central to this episode. Having to get fire wood, on four occasions increasingly higher up in the trees, suggests an increase in the contortions which would have been necessary in Coyote's posture, had he actually sprinkled his urine that high.

[7]In contrast to prehuman flux mythology, the trickster-transformer fixes the shapes of people and thus ends the primordial condition (see also Footnote 4). Whereas the theme, of the interchangeability of appearances among all living beings, characterizes the extreme religious posture of a hunter mystic, the trickster-transformer sponsors and justifies the trickery of everyday manipulation and hunting — thus the aggressive dimension at the left of the scale in Fig. 1. Of course, nothing hinders a greater-than-human trickster from doing his tricks and from presiding at the same time as an exemplary trickster, hero, or god.

him in their nets, and Swallows reduce him to a sacrificial *dema*-being whose hide furnishes materials for the subsequent permanent clothes of others.[8]

Changing Bear Maiden. Coyote now being left temporarily dead, the narrative focuses on his surviving widow who, aided by Coyote's earlier instructions, is now able to transform herself into a fierce Bear monster. Like her former husband, she also succeeds in saving herself and in pretending immortality, up to a point. She knows how to perform the exorcistic feather-burning rite and how to hide her vital organs and her breath-soul.[9]

The Youngest Brother. Bear Maiden, by virtue of her unique method of divination, is implicitly reduced to the level of scatological buffoonery. On the other hand, the Youngest Brother rises from beneath her urine and excrements. With intelligence provided by Little Wind he rises to the occasion, escapes the monster's snares in good time, shoots her life elements and so kills her (see Footnote 8). His monstrous sister is cut up and reduced to lesser entities: to wide-leaved yucca, Porcupine, Black Bear, Blue Bear, Yellow Bear, White Bear, Horned Rattler, Endless Snake and Stubby Bear. As a typical feminine offspring-oriented person, the Bear Maiden survives in this men's story only as a sacrificial dema-divinity. The Youngest Brother obtains geographical information from the Stubby Boys and knowledge to heal from the Rock Crystal People. As Father Berard has suggested correctly in his prefaces, the Youngest Brother episode belongs to Navajo chantway mythology. Human brothers are restored to life by a "sloppy" or youngest one who unsuspectedly becomes their heroic savior.

And what about Coyote himself? He was resurrected to new life by higher gods and was ordered to return to First Man and First Woman.

---

[8]Coyote here, and the Bear Maiden below (pp. 85ff.), are forced to surrender their present mode of being and to survive as partial beings. Such themes depart, of course, from the "prehuman flux" mysticism of archaic hunters. The term "dema" was first applied in 1948 to certain divine beings of paleo-planters, by Adolf E. Jensen. See the English translation of his *Myth and Cult Among Primitive Peoples,* Chicago, 1963. The physical remains of these "sacrificial" deities, since primordial times, have continued to grow into subsequent beings of the living world. Vegetational propagation, especially the process of budding, appears to have furnished the model by which one may understand dema powers in early planter religions.

[9]In Coyoteway mythology it is Coyote himself who was shot full with arrows. The removal of those arrows from his body explains the use of the Featherburning Rite in that chantway. In that tradition, of course, the origin of this rite is attributed to more dependable Coyote gods than is the case in our present story. See Luckert, *Coyoteway...,* p. 20.

Thus, according to this narrator, Coyote now dwells among the greatest personages of the Navajo pantheon.[10]

COYOTE IN THE HOPI TALES

Individual summary statements of all Hopi Coyote tales which are published in the next volume of "American Tribal Religions" would seem out of place in this introductory essay. Nevertheless, a comparable diagram to Figure 3, of Coyote's Hopi range, could provide a helpful perspective for the reader who after completing this volume will surely want to track Coyote into Hopiland. Hopi Coyote tales move far less in the religious dimension than their Navajo counterparts. The primary reason for this might well be the fact that Coyote, a formidable fellow archaic hunter-trickster, becomes less of an exemplary model where people are committed to live together as sedentary planters. In an orderly village the behavior of an archaic hunter trickster is severely out of place.

In most Hopi Coyote tales the plot comes straight to the point. Coyote is ordinarily reduced to his lowest possible status, a corpse, and is abandoned there. Only in the story of Coyote and the Blue Jays do we have the semblance of a reversal and limited restoration. By and large, the Hopi Coyote is a fool and falls victim to better tricksters. He even misunderstands the aim of witchcraft and loses his life because he foolishly surrenders his predator identity.

An obvious exception are the three lengthy narratives, Chapters 19, 20, and 21, in which Coyote unambiguously moves in the greater-than-human dimension. These stories raise him to the status of a hero and a savior of human folk.

Coyote's encounter with the So'yoko ogre begins with his getting caught and captured. But then, imprisoned together with a host of Orayvi children, Coyote organizes an effective liberation plot. He does so with a quite reasonable balance of self-interest, cooperation, and altruism. He leaves the scene, finally, receiving applause from the people of Orayvi for having become the hero-savior of their children.

The Coyote who discovered the Korowiste kachinas begins his career in a rather non-eventful manner. He behaves consistently as a nice and decent Hopi village boy would, or should. His concern for others, tutored by a reigning matriarch who is his grandmother, and his subsequent

---

[10]A similar cosmic dimension of Coyote has been documented, aside from the context of Coyoteway, in relation to the Deerway *Ajilee* ceremonial. See Luckert, *A Navajo Bringing-Home Ceremony,* Flagstaff, 1978, pp. 17-20.

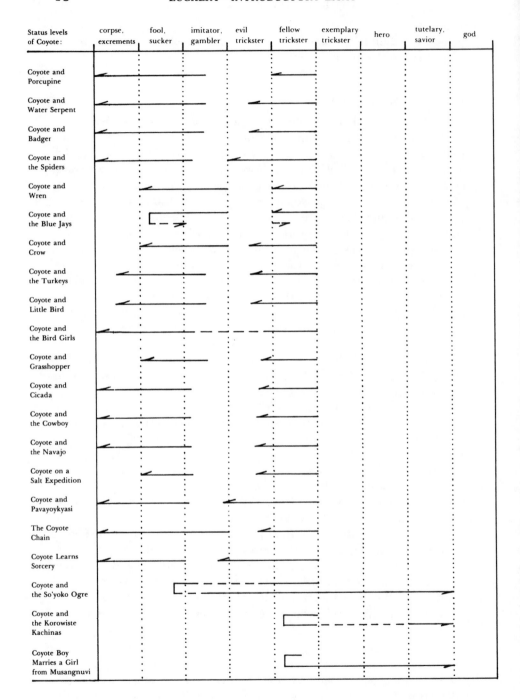

Fig. 4. Coyote's roamings among status levels in Hopi tales

bravery in facing packs of domestic dogs, add all up to a positive lesson in Hopi village ethics. Coyote does not become an only savior of the people at Walpi. As a temporary bringer of food and seed corn he leads in the end the divine providers themselves to the village. As the generous mediator of a group of kachina saviors, the humble Coyote is himself celebrated as a co-savior of the people.

The legend of Coyote Boy at Musangnuvi is built around an ordinary romance. Many interesting observations about the different lifestyles of sedentary Hopi planters and archaic predator-hunters are being offered as the plot develops. Coyote's odd ways are not deprecated in this narrative as being something witchy or evil, nor are they ridiculed as being foolish; rather, Coyote's relatives, who are all wild animals of the open range, come through splendidly on his behalf. They live up, as well as hunter folk can, to the expectations of their new sedentary planter in-laws. Coyote himself tries very hard to do something great for his relatives and for the other villagers of Musangnuvi. He does so hunter-style. In evolutionary-historical perspective Coyote, as procurer of wild animals, functions at the turning point between the era of hunters and the subsequent period of domestication. As the friendly companion of a human group he acts the role of an archaic hunter shaman. He is a mediator of animals who already has learned how to master the role of a Master of Animals, the last and greatest type of god of the hunter era. When his scheme as savior-supplier of animals is foiled by an unidentified village villain, Coyote lapses into the role of an even more ancient trickster-transformer, namely, of a divine being who in primeval times has ordained territoriality for all the hunters' game animals.

Author's Prefaces

PERTAINING TO THE "TROTTING COYOTE"

Coyote stories served educational purposes. They pointed out the moral that an inordinate ambition to equal others in accomplishment invariably leads to failure. Coyote's ambition to duplicate the feats of others, or to enrich himself at their expense, led to his downfall. In like manner, not all are destined to be wealthy, to be men of social prominence in the tribe, such as headmen and singers. Not that industry, thrift or ambition are tabu, but the child should early be impressed with the necessity of staying within proper bounds. Stories were preferably told in the winter months, when the father would relate them to his children and by opportune inquiry induce them to repeat them to their mother.

In the opinion of some, the complaints and decisions against younger people in the native courts are largely due to the neglect of this feature of Navajo home life. "Coyote stories should be told at the homes again," a judge in one of the native courts suggested, "and the stories should be followed up by instructions as was done of old." While numerous, the Coyote stories alone would not suffice for the long winter months; games were an additional diversion.

The Moccasin Game was recommended to children as another method in training. Too much sleep makes people lazy, they were told, and in order to avoid that, the winter and summer months should be equally apportioned for sleep. The Moccasin Game is still good pastime for nights during the early part of winter. Then, too, children were urged not to lose their temper whenever they lost their guess during the game.

Cat's Cradle, too, was an occupation which frequently replaced story telling or was combined with it. Good storytellers kept their children in suspense, I suppose, when they related such stories as "The Woman-who-dried-them-up." This story occurs elsewhere in this series and tells how the Spider Woman made a Cat's Cradle figure of many stars in which she safely protected the hero from detection by this woman. As Cat's Cradle figures are quite numerous, the story could be elaborated and extended over days and months. Not only that, but each figure could be explained to the children. They could then be allowed to try for themselves until they acquired ease and proficiency. Concentration was chiefly sought by such diversion, because the figures themselves, and the making and unravelling of them, require much attention before the knack of Cat's Cradle can be acquired.

Story telling was not strictly confined to the roamings of Coyote. In general, stories are often popularized condensations of elaborate legendary (i.e. mythical) accounts. A few stories of the Trotting Coyote are given here as told by our friend, Curly *Tó Aheedlíinii*, of Chinle, Arizona. Albert Sandoval, who acted as interpreter, has added the suggestions which I have given above.

Frequently it becomes difficult to draw the line between the independent roamings of Coyote, as told in the Coyote stories, and journeys undertaken by him for First Man. The stories in this section portray Coyote as an independent agent, nevertheless, as being protected by the supernaturals. Journeys undertaken for First Man are often embodied in the origin myths.

RAISED BY THE OWL

The following story, which Curly *Tó Aheedlíinii* entitles "Raised by the Owl," is one of the popular series of "Trotting Coyote" stories. The same story, but in an entirely different setting, was told by Barney Bitsili of Tohatchi, New Mexico, at the Crystal Summer School of Anthropology in 1929. Barney's account, however, was flavored with too many digressions to be satisfactory. It impressed us rather as the ramblings of one unfamiliar with the true story. Curly's account, on the other hand, presents a plausible connection of events in the life of Coyote, and his eventual restoration to life by the supernaturals of the sky is evidence that the entire story is part of the Trotting Coyote series. On the whole, the style is facile and portions of it, such as the speech of the dying Coyote, are models of classical expression. While the incestuous union of Coyote with his daughter is not approved of, but is punished with death at the hands of their offspring, no particular emphasis is laid on the criminal aspect of this unnatural union. The chief purpose of the story seems to be to show the origin of the several warnings mentioned in it. The moral conveyed evidently is that such warnings should always be

Editor's Note: Another version of "Raised by the Owl" was dictated to Father Berard by River Junction Curly. Father Berard's translation of that narrative has been published in Leland C. Wyman, *The Mountainway of the Navajo*. Tucson, 1975, pp. 245-258.

heeded. To ignore any unusual noise in one's interior, or the ringing in one's ear, twitching of the nose, pricking of the skin, or bad dreams, is to face danger at one's own risk. A journey which may have been planned, or a call on a singer's services, a plan to engage on a certain occupation, or the like, should be postponed for the time being, until such omens cease. This practice is still faithfully observed. The educational purpose of this particular story is therefore evident.

COYOTE AND THE CHANGING BEAR MAIDEN

The story of the Maiden-who-changes-into-a-bear is assigned to the Trotting Coyote stories by the informant, Curly *Tó Aheedlíinii*. This Bear Maiden, however, is frequently mentioned in song as a dangerous being, a Monster, and is often confused with the Tracking Bear, which was slain by Monster Slayer. This confusion is extended also to the slayers of Monsters who, in song, are frequently mentioned together: Monster Slayer, Born for Water, Changing Grandchild, and Reared Underground. In the account of Flintway, and elsewhere, the hero Reared Underground is almost invariably mentioned as the slayer of Changing Bear Maiden. His name is accounted for by the fact that he was hidden from his sister in a pit under the fireplace, as the present narrative records. Where the Reared Underground personage is mentioned conjointly with the Bear Maiden, it seems reasonable to apply the name to her youngest brother who slew her. As mentioned in the present narrative, he then became the creator of various animals and plants.

On the other hand, Reared Underground is interpreted by some as a name given to Monster Slayer, the son of Changing Woman. She had hidden both the Slayer and his brother, Born for Water, in a dugout. She had allowed them to leave this pit only after sunset when visiting Monsters would not frequent the premises. All accounts of the origin of Monsters seem to agree that Monster Slayer eventually killed the Tracking Bear and created the several species of native bears from its limbs. This interpretation can be accepted whenever a Slayer is mentioned in reference to Tacking Bear.

I find the same story of the Changing Bear Maiden incorporated in Upward Moving Way. The same features—such as the twelve brothers, the hunting episode of Badger and Coyote, the killing of Coyote repeated four times, the slaying of Big *Yé'ii* and the final marriage of the sister to Coyote, the hunting incidents regarding the horns of Mountain Sheep and the weight increase of pemmican, the death of Coyote at the hands of the Swift (Swallow) and Spider People, the change of the girl into a Bear, the death of the eleven brothers at her hands, her own death at the hands of the youngest brother and the revival of the brothers—are almost identical in the two accounts. The Upward Moving Way account was given to me in 1910 by the late *Gishin Biye'*, son of the late Cane Man. Unfortunately, it is not a textual record in Navajo. Many of the finer points for accurate comparison with the present text are thus lost. There is, however, sufficient material in that English version for a comparative estimate of the present account.

The purpose of the English Upward Moving Way version appears to be to account for the defeat of Big *Yé'ii* who was, supposedly, the last of the dangerous Enemies or Monsters. It is given therefore as a sequel to the account of the slaying of various Monsters by Monster Slayer. Since the purpose of that account of the slaying of Monsters is to demonstrate the connection of Monster Slayer with Upward Moving Way, the sequel of the Changing Bear Maiden demonstrates again its connection with the same rite. The English version does not assign a name to the youngest brother, and in this particular aspect it agrees with the present account. The English version (of Upward Moving Way) is quite consistent in showing a ritual bearing of the entire narrative. The youngest brother is enclosed in the pit, where he is supernaturally informed of the death of his brothers. Each time he is told to sing; the place names are mentioned where Bear Maiden kills her brothers, and she gives the name of Sun and Moon alternately to the four slaps which cover the pit. Finally, the youngest brother sings songs as he is pursued by his sister and as he kills her. He then distributes her limbs to produce various plants and animals. He himself revives his brothers and becomes their leader. In this final phase of his life his name is mentioned as the Dwarf Boy, a name which the other eleven brothers also assume. The twelve are therefore known in legend as the Dwarf Boys. A ritual bath and drink completes their restoration. The remark in the English version, stating that in reviving his brothers he used a song taken from the Awl Way, seems to indicate that the Upward Moving Way came into possession of this feature by a contribution from the Awl Way ceremonial.

As of now I have been unable to obtain a textual account of the Awl Way rite. This ceremonial seems to have gone out of use, like several others. The references which the Upward Moving Way account makes to this rite, in this Bear Maiden story and elsewhere, seem to permit the conclusion that the rite in its essential features has been absorbed into

---

Editor's Note: Father Berard's *Upwardmoving and Emergence Way* was published as Volume 7 in the American Tribal Religions series. *Women versus Men,* another one of Curly's dictations, which constitutes a portion of that same emergence myth, was published as Volume 6 in this series.

other ceremonials. While it cannot be established definitely yet, that the story of Changing Bear Maiden was originally part of the Awl Way rite, or that now it definitely should be assigned to the Upward Moving Way, I am much inclined to assume it's ritual significance—more so, at any rate, than Curly ascribes to it in the text.

As a fine example of a popularized account of a portion of a ceremonial myth, it can be ranked with Curly's other popular narrative of the Bead Way ceremonial. Since Curly himself admits his unfamiliarity with the Bead Way rite, his statement concerning the Changing Bear Maiden story as belonging to the Trotting Coyote series, may be accepted on the merits of his narrative.

In the preceding discussion I have given my reasons for rejecting Curly's view. Exacting, as we know Navajo ritual to be in numerous details, the frequent reference and great importance ascribed to the Changing Bear Maiden, and to Reared Underground whom we accept as her slayer, are difficult to explain in a more popular Coyote story—as Curly would have it. His very meager account of the resuscitation of the eleven brothers by the Rock Crystal People, and in turn by the hero and each revived brother, is not told in sufficient detail to complete the picture. One gets the impression that he merely mentions the Stubby Boys and Rock Crystal People but is unfamiliar with their true connection with the entire scheme of the story. This is proper, of course, in a popular story, just as the standardized formula of recording the revival of Coyote by the Sky People is in accord with the usual run of the Coyote stories. The various details given, about the flight of the youngest brother from his mad sister, remind too much of ritual matters to fit in an educational story for children—if this were indeed recognized as the purpose of the narrative. These considerations have induced me to treat the narrative as a separate whole which, in my estimate, is merely forced into the Coyote series by causing Coyote to be revived by the Sky People. In the Upward Moving Way account the slain Coyote is not revived, and in both accounts the Changing Bear Maiden is destroyed forever.

PART ONE:
THE TROTTING COYOTE

1

Coyote and Skunk

1. From there he started again for his home at Huerfano Mountain. From there Coyote returned. In time he had started out again at noon of a cloudless day. It had become frightfully hot. He was trotting right along, but stopped suddenly, looked up and said: "It certainly is hot! I wish it would become cloudy for me!" At once clouds appeared. "I wish a person could trot along with a little sprinkle!" he said. Immediately he was trotting while it sprinkled on him. "I wish it would rain some more on a person," he said. And really, he was trotting along with more rain falling upon him. "I wish a person could trot along with water oozing from (between) his toes!" he said. And according to his wish the water was actually oozing from his toes as he trotted on. "I wish a person could trot along with water reaching his ankles!" he said. As he had wished, he was trotting in water which reached his ankles. "I wish a person could trot along in water the depth of one's arm!" he said. And as he had wished, he was trotting in water the depth of his arm. "I wish a person could trot along with (water) in line with his spine only!" he said. And as he had wished, he was trotting with (the water) in line with his spine. "I wish a person could trot along with only his ears extending out!" he said. And as he had wished, only his ears extended out as he trotted on.

2. "I wish it would float a person down now!" he said. Straightway he began floating. "I wish a person could float out to a Prairie-dog colony!" he said. He floated out towards a Prairie-dog colony. "I wish a person could land on debris!" he said. As he had wished, he landed on debris. The water had all moved away. He lay there without the least sign of life in him. Shortly thereafter a Skunk passed nearby on his way to water. "Look here, My Cousin, come over here to me," he

(Coyote) said. He (Skunk) went there to him. "'The hated one has actually died,' you will tell about me, My Cousin," he said. "'He has been washed ashore, worms are eating him,' you must tell about me! Under me you will bury four wooden clubs!" he said. And immediately he buried those four desired clubs under him. "'He is worm-eaten,' you will tell about me! Sprinkle rush grass around my anus and my mouth!" That (Skunk did and) sprinkled rush grass around his anus. Then he started back and returned home.

3. "That hated one is really dead, he has been washed out!" he said. "What could kill that thing! You speak as one telling a lie!" "Nevertheless, let one of you go and see!" he said. So the Jack Rabbit started out and came there. When he got there he found him lying there with no sign of breath in him. After merely taking a look at him he started back and reached home. "Nevertheless, let two of you go!" and two started out. When they came there he lay there with not the least sign of breath in him. The two went home again. "It is true, he is dead, he has washed ashore," they said. Well, let three of you go (just to make sure)!" "Immediately they went there but (as before) found him laying, with not the least sign of breath in him. "It is true, that hated one is dead; he is wormy," (they said) upon returning. "Nevertheless, let four of you go!" was said. Immediately four started. "Walk around him very carefully!" he said to them. Again they came over there and found not the least sign of breath in him. "Well, it is true, he is really dead, he is wormy," they said. When they returned here they said: "There can be no doubt about it, that hated one is really dead!" "In that event we ought to celebrate this favor (fortune) by a dance! Tell the people round about to gather!" it was said.

4. The news was then spread among the people, who gathered in great numbers. Living beings of all kind came together. From here they moved in a mass and came to the place where he lay. There they began their movements, encircling him while singing. "Little Prairie-dogs are dancing in a circle, little Prairie-dogs are dancing in a circle," were the words of their song. Suddenly the Skunk said: "People ought to be looking upward when they dance!" But he had urinated upward and his urine had fallen into the eyes of those who had raised them. You should have seen all the doubling up, all around! The supposedly dead Coyote jumped up and snatched up the clubs mentioned. And how he used these on them! Some of them reached safety, they say.

5. And so he has killed frightfully many. "Where can we roast them in ashes, My Cousin?" he said. They carried them to the slope of a nearby hill. They dug four trenches in which they built a fire with small sticks. When these were burnt up, they raked them into the ashes

at these four places. Then, suddenly, he said: "Let us run a footrace, My Cousin, around Crystal Mountain!" "No, I cannot run fast, my limbs are short," Skunk said. "Just the same, we will run the race, My Cousin!" he said again. "No, my limbs are short," he said. "Oh no, we will run the race just the same, My Cousin," Coyote said. "No, I cannot run fast, my limbs are short," Skunk said. "Oh no, we will run the race just the same! You run ahead (and have an advantage), I will follow!" Coyote said.

6. Immediately Skunk started out. Not far away there was a ridge over which he ran. It so happened that there was a badger hole, into which he immediately crawled. The entrance he closed with dodge weed. Quite a time elapsed before Coyote came running along over the ridge. He had made a fire, and raising smoke he was coming along. He dashed close by the Skunk without seeing him. After he had gone, (the Skunk) came out. In the distance, that Coyote was floating around Crystal Mountain. And so he (Skunk) started back and returned to the place where they had covered them with ashes. Immediately he took out all those that had been placed in the center. At the edges he put scrubby little prairie-dogs back into the trenches. Those taken out, he packed up to a high rock shelf, where he sat, eating them.

7. Meanwhile the Coyote we speak of was coming along in the distance. It was a sight to see him constantly moving his head in every direction and raising smoke as he ran along! And so, it seems, he returned. Having accomplished this, he lay in the shade on his back, rubbing his chest with moist soil. "Wonder what became of that cousin of mine! Wonder how far back the poor fellow is trotting along! There simply is not anybody to compete with a person the way I finished that run!" he said. "No short-limbed fellow can ever expect to compete with my running," he said. "I may as well rake them out! I must have gotten hungry. Who knows when he will ever come along!" he said. With that he picked up a stick, poked out one of those little prairie-dogs and made it appear as a black spot (getting smaller) in the distance where he threw it. "I could not eat the others (the big ones) if I ate that!" Again he raked around the other side and got out another little prairie-dog. Again he made it (dis)appear as a black spot as he threw it in the distance. "I could not eat any of the others if I ate that!" he said. In vain he was poking around in the four trenches. "There is not a thing, look at that!" he said. He gathered up the casteoff small prairie-dogs again. "You did this, Urinator! Who but you would do this! You did this, I am positive!" he said.

8. He then began to track him. He found his tracks up to the base of the rocks, then lost them. In time (he discovered him and) said: "My

Cousin, give some of my food back to me!" The spine from which the meat had been cleaned, leaving the bone only, he threw down to him. You should have seen him pounce upon it! "It usually is my good fortune to get this!" he said. And you should have heard that *gees gees* sound! Again, he threw down the mass of intestines to him. My, how he pounced upon it again! "This string usually drops my way!" he remarked. Without chewing it he swallowed it. Then he threw one of the hides down to him, again. "This fluff usually drops my way!" he said. One of the heads, too, he threw down to him. You should have seen him take after it! "This, which makes a crunching noise, usually drops my way!" he said. Up to this point the full count was made. From there he started ro return into the Rock Canyon and arrived at his cornfield where, just in the surroundings of it, he was looking for tracks, they say.

2

Coyote and Deer

9. Again he returned to Huerfano Mountain, and from there started out to visit his family. On the way he ran upon a doe (who happened to be) coming along with her young ones. "How is it that you have such pretty children with such beautiful spots? What do you do to them?" he asked her. "Well, I do it this way! I put them inside of a rock trap and build a big fire at the exit. When the sparks fly from the fire on them, it becomes white in these spots. In that way they appear to be spotted," she told him.

10. From there he returned to his children and at once went in search of a rock crevice, and really found one. Immediately, it seems, he led his children over there and brought them inside the rock shelter. At its entrance he built a big fire. What a sight those children of his were as they ran around, crying! And after a short time they died of the heat. When it was too late he scattered the fire (which) he had built. "Look, how my children are actually laughing at me!" he said.

11. From there he went to find that doe. He had made a bow and arrows for himself, and again came to her. "My Cousin, be on the lookout, these humans are mean," he told her. "They may shoot you. Therefore be on your guard, My Cousin," he said. Then he lay in wait for her and, at close range, where she was leading her children, he shot her. Then he ran away over the ridge without having been seen by her. And so, doubling back out of her range of sight, he again returned to her. "What has happened to you, My Cousin?" he asked. "They shot me, you see!" "Did I not tell you not to let them do it? Let me sing over you!" he said to her. "All right, do so, My Cousin!" she said. Immediately he left her. Somewhere he pinched off the thorns of gray cactus and the spines of all kinds of yucca. These he ground up, right there, and returned to her with them.

[31]

12. Immediately, it seems, he began to sing over her and mixed the powder in water for her. "They begin to swell, they begin to swell!" (he said). "What is that you are saying, My Cousin! You actually said (let them) begin to swell!" she said to him. "No, I said I wish they would sink, I wish they would sink," he answered. And immediately he gave her the dish with the medicine which he had prepared for her, some he sprayed on the arrow wound. Immediately she began to feel the burning at the arrow wound, and swelling set in. In a very short while she became all bloated. It had killed her and she died.

13. And it seems that, from above the skies, those children of his were restored to life again by Spotted Thunder, Left-handed Thunder, by Spotted Wind, and Left-handed Wind, they say.

3

Beaver and Coyote

14. After that, it seems, he was roaming about again and had come to the Beavers next to the river. These were hoop-poling and betting their skins with one another and thus were winning them from each other. And so, it seems, they would remove them for one another and then would jump naked into the water. From there they would come out again in skins which were great to look at and pretty, as if thoroughly shaken out.

15. Now it was in Coyote's, First Scolder's, presence that they were doing this. "Stay away from here Coyote, First Scolder, do not let this place become uncomfortable on your account!" they told him. "Hm! Roamer, is it? First Scolder, is it? A person roams, does he? A person scolds, does he? Should not an old man, who is intelligent, be called by that name?" he said. "In matter of fact, I alone use common sense, for your benefit!" he said. "I am going to put up my clothes against yours," he said. "Do not be talking so. Stop it! Coyote, First Scolder! Go elsewhere!" someone told him. "And yet, I am betting my clothes," he said. "Do not say that, Coyote, First Scolder, go elsewhere!" he told him. "And yet, I am betting my clothes, I say," he said. "Stop your nonsense Coyote, First Scolder! Your crying is unwelcome, go elsewhere!" he told him. That made it three times. "I surely came to a most pleasant place, My Cousins, My Fellows!" "Stop your nonsense, Coyote, First Scolder! Your easy crying is bothersome, go elsewhere!" someone told him.

16. And so this made it four times. "Hm! This is surely a fine place I came to! How can anyone think of leaving it! I am still betting my clothes!" he said. "What can be done with a thing like that! Come on! Win his clothes from him!" someone said. Immediately, it seems, he

[33]

put up his clothes for a bet and one of them began hoop-poling with him, and soon won his clothes from him. And when they began to pull off (his fur) he began to whine. And when they were pinching the black tip of his nose, he was saying: "*Hahá!* Easy, My Cousins, My Fellows! It is getting unbearable! *Oh, ah, há!*" You should have heard him whine, while they were pinching the fur from him not without much difficulty.

17. Now, it seems that he had in mind to imitate what he had seen the Beavers do. When they had lost their furs they would plunge into the water and come out of there again with new furs. "I will do the same," Coyote was thinking. And so he plunged into the water, but always floated out naked, and failed. So (they said): "What can you do with an old thing like that! Kick him in with his cousin!" And they kicked him into a badger hole, naked as he was. There, it seems, his cousin gave him a fur and, unexpectantly, he returned out of there with clothes on himself. The Badger had given him his fur. "I am again betting mine against yours," he said. "Let him talk!" they said. He failed and simply ran away from there.

4

Chickadee and Coyote

18. It seems he was running around again when he came to a place where the Chickadee People were throwing their eyes up in the air. "I surely came to a beautiful place, My Cousins, My Fellows! Put me through that motion!" he said. "Stop talking, First Scolder! Go elsewhere!" they told him. "No, put me through that," he said. "Stop talking, Coyote, First Scolder, go elsewhere!" they told him. "No, put me right through that, My Fellows, My Cousins!" he said. "Stop talking, Coyote, First Scolder, go elsewhere!" they told him. "Just the same, put me through, My Fellows!" he said. "Stop that nonsense Coyote, First Scolder! Your soft crying is bothersome. Go elsewhere!" they told him. "Put me through just the same, My Cousins, My Fellows!"

19. And this someone said: "Poke his eyes out for him!" And so someone poked his eyes out as he desired and immediately tossed them up a pine tree. Right there they stayed. With empty eyesockets he sat there. He squatted down below the tree and sat there, saying: "Return into my eyesockets!" Somebody blew them upon him. They returned to his eyesockets. "Do that another time!" he said. He again poked his eyes out, and tossed them to the tip of a spruce, where they stayed. Below this he again squatted down. "Return to my eyesockets!" he said in vain. Right up there (they stayed) without returning to his eyesockets, they say.

20. "What can be done with a thing like that! Push pitch balls into his eyesockets!" someone suggested. Immediately one of them pushed some pitch that was handy into his eyesockets, while he (Coyote) asked in vain for another trial. "No, go elsewhere Coyote, First Scolder! Wherever you are you make it unpleasant!" they told him. "No place is sacred to you, go elsewhere, get away from here!" they told him. Then, it seems, he started off for Huerfano Mountain and returned there. From here he came into the Rock Canyon (Sacred Canyon) just to see his cornfield there. Then (he) again returned to his children.

5

Porcupine and Coyote

21. Then he was running around again and, unexpectedly, ran upon Porcupine. His home was made of bark, he found. And so, it seems, he raked the hot coals out of (the fire). The bark of which his home was made he laid on the hot coals which he had raked out. That bark, it so happened, turned into a fine jerked meat stick. As it was very fat, he roasted it. There were also two sticks; very, very slim ones, which he roasted in ashes. They had turned into fine sausages. There was also an earthen bowl into which, after poking up his nostrils with an awl, he allowed his noseblood to drip. The yellow earthen bowl he also placed on the fire. It (turned into) fine small morsels of meat, cooked in grease, which he set down before the (expectant) Coyote. You should have seen him eat!

22. After finishing it all, he said: "You ought to come to see me sometime! I think I can do the same thing!" From there he returned home. Then, it seems, the Porcupine started out to follow him. To his surprise he had made his home of bark; from two very slim twigs he had scraped the bark; an earthen bowl he had made too, the awl as well. And (he) was sitting by the fire of which he was quite proud.

23. He (Porcupine) went in to him. "What has happened, My Cousin! From where do you come?" he said to him. "Oh, nothing, I am just walking around," he answered. Immediately he raked out the hot coals. Coyote did, it seems, try in vain to duplicate him. Upon the hot coals, just raked out, he placed the bark mentioned, but, unfortunately, it went up in flames for him. "What is it doing? Why! I always was able to do that!" he said. The two scraped twigs he also laid into hot

ashes; but these, too, unfortunately, just went up in flames. "Why does it do that! Why! Time and again I made them!" he said. Next into the earthen bowl, which he made, he was vainly poking up his nose with his newly made awl, but only light colored blood dripped in. He also set this on the fire; but its contents, unfortunately, burned out again. "Why does it do that! Why! Time and again I did that!" he said. In this way, it seems, he failed, without having imitated the other person, they say.

6

Rabbit and Coyote

24. And so, it seems, he started out again. Suddenly, a Cottontail jumped up at his feet. In no time he overtook and caught it. "Wait, wait, wait, My Cousin, first let us tell each other something!" that Rabbit said. "No, you will run away from me!" Coyote said. "I will sit at your crotch while we are telling each other," he said. "All right, then!" Coyote said. "What is it you are going to tell me?" Coyote asked.

25. "The arrow of a human being, from where does it move out, My Cousin?" Rabbit said. But Coyote said: "It moves out of his mouth!" The Rabbit said: "No, it moves from over his shoulder." "No, it does not. It moves out of his mouth!" he replied. "No, My Cousin, I ought to know it very well, as he (the human hunter) carries it around me (where I hide). Therefore it moves out over his shoulder," he said. At the same moment he jumped up across his shoulder. You should have seen how he grapped any old way—but in vain! Then he took after him. Just when he was about to overtake him he kicked a rotten stump of yucca against him. The Rabbit did this, just when there was no place to escape. You should have seen Coyote roll over with that rotten yucca stump! Meanwhile, it seems, he was running on over there, and ran with all his speed towards a hole. When at the edge of a bluff he had very nearly overtaken him, he ran into the hole.

26. In this way, it seems, by running too far, he (Coyote) plunged down over the bluff and landed right at the base of it. "*Hm!*" he said, "that surely was very unfortunate!" Then, it seems, he returned up above where the Rabbit had run into the hole. He was looking into

the hole when he could see the white spot of his rear end close-up. "I must smoke you out!" he said. But the Rabbit asked: "What with?" "Oh, with dodgeweed," Coyote said. "That I usually eat!" "Then with cedar!" "That I usually eat!" "Then with pinyon boughs!" "That I usually eat!" the Rabbit said. "Then, positively, with sagebrush!" "That I usually eat," Rabbit said. "Pinyon pitch it will be! I will smoke you out with that! That is settled," Coyote said. "*Ouch!* This time I will surely die!" Rabbit said.

27. And so he looked for pitch and brought a great amount of it. Then, it seems, he built a fire at his entrance with slim twigs. You should have seen that smoke twist into the hole where he was and watch Coyote blow it. "It is getting unbearable, My Cousin! Get closer and blow it (get it over with), I am in a dying condition (and shorten my suffering)," said Rabbit. And thus, when the pitch which he had brought had caught fire, he (Rabbit) kicked it against him. You should have seen it splash into his face! "There ought to be a splash when (something soft) hits my face!" said Coyote. From his face (so treated) he wiped all the hair (adhering to the pitch). "What do you think of that!" Coyote said. He made of it a place where Coyotes usually defecate, they say.[1]

[1] That is, of the Rabbit Home which usually defies the efforts of Coyote.

Editor's Note: For an alternate interpretation see page 12, above. The "place" may be Coyote's face.

7

Gray Lizard and Coyote

28. From there, it seems, he started out again and came to the Gray Lizard People. With thin stones, which they had chipped round and nicely prepared, they were rolling themselves down a slope, when he came. "There comes First Scolder," it was said. "What is going on here? I surely came to a good place," he said. "My Cousins, My Fellows, what are you doing, anyway?" he said. To those occupied with rolling themselves on thin stones he said: "Show me how it is done!" "No, stop saying that, Coyote, First Scolder! Get away! Go elsewhere!" they told him. "No, show me just the same, My Cousin, My Fellows!" he said.

29. So, it seems, someone set one of the thin rocks for him on edge and spit on it for him. He leaped there and, (when) someone blew it four times against him, you should have seen him, stuck to it! Then one of them gave it a start down that slope, and with that tail of his waving in the wind it rolled him out toward the base of the slope. There he jumped off and brought the thin stone back to them. "Another time," he said. "No, stop saying that, Coyote, First Scolder, go elsewhere!" they told him. "No, just let me do that again!" "Do not bother about him. Let him talk!" they said about him. A thin stone, like this (one) they were using. He chipped off (from it) and made it circular. In vain he would leap on it. He failed completely, they say. It did not work for him. From there he started back home again.

8

Porcupine, Elk, and Coyote

30. Again he had been walking along the river shore and lay down to sleep. During that time a Porcupine was walking around on the other side along the shore, when an Elk came to him. "My Elder Sister, please, carry me across. I am dying to reach the other side where I want to look for food!" the Porcupine said to that Elk. "All right then, sit on my back!" the Elk said. "No, if you shake yourself, I may fall into the water!" he said. "All right then, sit between my horns and take hold of my horns!" "No, you may shake yourself (and) I would fall into the water," the Porcupine said. "Where else do you want to sit then, that you say this?" she said to him. "I will go into your anus and come out again at your mouth!" he said. "No, you would cause your quills to spread out and so kill me! Therefore you say this, I see!" the Elk said. "Just watch! I am going into your anus," Porcupine said. And he went into the anus of the Elk, as he said, and yonder at her mouth he came out again. "Do you not see? After you have crossed with me I will do it this way!" Porcupine said.

31. Straightway, it seems, he again went into the anus. Then, it seems, she walked into the water with him to the other side to shallow water. "Here we are," she said to him. "Let us see! Stamp your foot!" Porcupine said. But when she stamped her foot there was the sound of water. "Go a little farther on!" he said. And again she started off. "Now," she said again. "Let us see, stamp your foot," the Porcupine said again. When she stamped her foot again there was the same sound of water. "Go still a little farther!" he again said. "Now!" the Elk again said. But when she stamped again with her foot the sound of water was heard again. "Still a little farther!" he said. Now she had finally come out of the water with him. "Now!" the Elk said. "Let us see! Stamp the

[41]

ground again!" Porcupine said. When she again stamped with her foot, the dull *dil dil* sound was heard. There was no sound of water. Then, it seems, he did spread those quills of his which pierced her heart. That Elk began to suffer. After a while she fell with a thud. She died, they say. When the Elk was dead he (Porcupine) returned out through her mouth.

32. And so, it seems, Porcupine started out from there after he had killed the Elk. Now, it seems, he happened to be going close by the place where Coyote was sleeping. "There is nothing else to do but to look for something to skin it with," he was saying when, suddenly, Coyote jumped up. "*Hm!* What was it you were saying, My Cousin?" he said. "Nothing, My Cousin! I was just saying, I may as well go hunting with it," Porcupine said. "No, you said plainly: 'I may as well skin it with something!'" Coyote said. "Not at all! My Cousin, only right around here I killed a fine Elk!" Porcupine said. "Where is it?" he asked. "Nearby, of course!" "Let us go and see!" (Coyote said). The two went there. A great big Elk lay there, in a heap.

33. And at once he began to scheme. "My Cousin, let the one who clears it in a jump be master of it completely!" Coyote said. "I? No, my limbs are (too) short!" Porcupine said. "Nevertheless, let him be master of it who clears it in a jump!" he said. "No! I tell you, First Scolder— why—I killed it!" he said to him. "No, My Cousin, let him who clears it in a jump have control of it—do you not see I am telling you!" he said. "Do not say that! Do you hear, Coyote? Why, I did the killing, I have control of it!" he said. "No, My Cousin, let him who clears it on the jump have control of it. Do you not see I am telling you?" Coyote said. This made it four times. "All right, let it be so!" he told him.

34. "You do it first!" he said to Porcupine. And so, it seems, he made a run for it (and), though he should have jumped over it, he just (jumped) to the center of its ribs and rolled back from there. The Coyote, in turn, then made a run for it. You should have seen the leap he made across it! "This is the way one should do it!" he said after leaping across. And so, it seems, he began to skin it, and he skinned it completely. That Porcupine, as a matter of fact, only washed the stomach. He would carry the intestines back and forth to the water; but right there he would eat them and return empty-handed, saying: "Water Bottom People, unfortunately, have eaten them for me." "Let me see!" he said, "I am going to pick your teeth!" Coyote, it seems, said this to Porcupine. And (very) soon he (discovered and) had picked parts of the stomach from his teeth. "I will kill you for that!" he said.

35. From there he dragged him over a ridge and killed him there, (and) then returned here. Right behind him the other followed. "Back to life it has returned some way!" he told him. He again killed him and

chopped him up. And from there again, it seems, he started back leaving him. "It is returned to life again (some way)," he said to him. Again (Coyote) returned to him. He again killed him and made every effort to grind him up with dust, which he scattered in every direction. He left him and again started back. "It is come back to life again!" he told him again. Without looking back he kept on going. "I may as well go back home to (get) my children!" he said, they say.

36. Over there, it seems, after Coyote had left, he (Porcupine) returned to the meat and at once carried all of it up on a pinetree. Up there he sat, eating it, on the tip of a pinetree. Some time after (that) he (Coyote) came along in the distance, leading his children. And when these would jump at grasshoppers he said: "Leave them, My Children, you may lose your appetite for meat on their account!" He had brought his children to the place where the meat had lain. But the meat, supposed to be there, was gone. It is too bad!

37. Then he started to track him around. He had tracked him to beneath the pinetree. One of the bones he threw down to him. "You surely are a great one, Porcupine! My Cousin! Give my food back to me. You (really) ought to do it!" he said. The hide lay in a bundle right there. "All right then. Take that hide and all of you lie down in it here below me!" he told him. Immediately they lay down below him. From above he threw the backbone down on them. His son, the Sloppy or youngest one, had been looking through the cuts in the hide. And so, when the backbone was coming along through the air, he had seen it. "About there, it seems, it is falling!" he said as he ran out of its way. The said backbone struck them heavily to the ground. Those Coyotes died, they say.

38. And so, it seems, only the youngest one was left. This one he packed up to the tip of the pinetree. There he fed and filled him with hard fat. Soon he asked: "Where does a person defecate?" "There is the place, where that pine limb extends out, there they defecate," he told him. "Is it here?" he asked. "A little farther out!" he told him. There he sat down. "Is it here?" he asked. "Yes," he answered him.

39. Immediately he shook the pine limb with him, and from that height down he seemed like a mere black speck as he fell swiftly. You should have seen the shattered pieces down there! In this way, it seems, he killed them all. Then, it seems, he left them and started on his way

Editor's Note: The author's parenthetical identification of Coyote, as the one who returned, is misleading. For an attempt at clarification see author's Footnote 27, on page 106.

home. From above the skies, Spotted Thunder, Left-handed Thunder, Spotted Wind and Left-handed Wind came upon them and restored them back to life. From there, it seems, he again led his children home. At this point the story about Coyote usually ends. That is all. From here he returned again to First Man and First Woman.

PART TWO:
RAISED BY THE OWL

9

Coyote Died

40. He usually planted at Earth-shelf Place in the Rock Canyon (Sacred Canyon). He planted white dwarf corn, and blue dwarf corn, and yellow dwarf corn, and black dwarf corn—being terribly attached to it. Now and then he would merely return to his family at that Winged Rock (Shiprock). There he had his daughter, a very pretty one, they say, his son also, and his wife—and himself, Coyote, First Scolder. So the four of them moved about.

41. Somewhere at the base of Mount Lookout, Horned Toad had planted his field, it was learnt.[2] His corn was exactly like that owned by Coyote. In time Horned Toad matured some. It happened that Coyote visited him. "For what reason did you steal this from me, which at that time was my corn?" he asked him. "That is my own corn," I suppose (this) Horned Toad said. "I will swallow you," Coyote said. And he swallowed him. Horned Toad was swallowed, they say. He was walking around that corn of his. "Leave it alone!" he said, "this is my corn!"[3] Having settled that (with Coyote swallowing Horned Toad), he (Coyote) lay down inside of (Horned Toad's) home. And so, it seems, the other was laying inside his belly. *"Shd!"* he said to him. He spoke to him, here, from his belly. You should have seen him jump up! He ran out and looked around. "Who spoke, I wonder?" he said and returned inside. *"Shd!"* he said to him again. He jumped up

---

[2]This small Huerfano butte, southeast of Farmington, New Mexico, means literally "Spruce Mountain."

[3]He probably addressed birds.

Editor's Note: It would perhaps be better not to assume that birds are meant. "Leave it alone!" are words which Horned Toad could have shouted at the intruding Coyote before he was devoured by the latter.

again, ran out and looked around in vain. He returned inside and lay down again. "Wonder what it was that called," he said. Again he called "*Shd!*" Again he dashed off and looked around in vain. He returned inside again. "Wonder who is calling," he said. "Is there any wonder about it, when one occupies a ghost's house?" he said. "I shall rebuild the hogan at another place," he said. Just then it said *Shd* to him again while he was laying on his back. He then looked up again and searched around in vain.

42. Then he turned his head this and that way, until his eye rested on his belly, and he just remained quiet, (listening). "This green thing, which is strung along here, what is it?" he asked (from his interior): "That is my anus," he said. "What are these two blue things set side by side?" "Why! They are my kidneys," he said. "This big sack here, what is that?" he asked. "Why, that is my stomach," he said. "And this big thing here extending out lengthwise?" he asked. "Why, that is my colon," he said. "These (cords) running side by side, what are they?" he asked. "Why, these are my food and wind pipes running parallel to each other," he said. "And this tangled blue thing, what is that?" he asked. "Why, those are my (green) intestines," he said. "What about this round thing set here, what is that?" he asked. "I do not know," he said.

43. "Anyway, 'what is it?' I am asking you," he said. "Why! that is my heart," he said. "Even so, I am going to cut it off, in spite of you!" he told him. "No you will not! What if I run away with you?" he said. "Just the same, I am going to cut it off, that is settled!" he told him. "No you will not. I will drop me from a bluff with you!" he said. "Just the same, I am going to cut it off, that is settled." "No you will not, I shall plunge into the water with you!" he said. Directly he cut of his heart spoken of, and off he dashed. Somewhere outside, quite a distance away, he fell over. On his anus side the Horned Toad went out again and left quickly for home—as Coyote died. In time, however, he was again restored to life by those above (in) the skies. Spotted Thunder and Left-handed Thunder, Spotted Wind and Left-handed Wind restored him to life again, they say.

44. So from there, it seems, he dashed home and returned to his family already mentioned. "My body is not at all well," he said. "No wonder! When people (always) despise and hate a person, how can one be in good health!" he said. After that, time passed without (his) taking food. After a time he got so that he could not walk, then (so) that he could not get up, and in time he was speaking of his past. "Whatever may happen (to me), you must take good care of your-

selves, My Children. You must not feel discouraged, My Children!" he said. "You must not go about weeping! What is to be done about it! It must be so (and cannot be changed)," he said. "Am I the only one who will die?", he said. "At any rate, let her take a husband who is exactly as I am. She must take one whose looks are just like mine, who carries a mountain-lion quiver on his person," he said. "Remember this with all your might! You must do exactly according to my words just spoken! As for me, I shall leave you for some unseen region! Shall I ever be seen again?" he said. "It just seems as though it were getting the better of me! Try as I may to make myself believe (the contrary), it is getting too much for me! Now it has reached a point beyond endurance, therefore I am saying this, My Children! What more shall I say to you! Do not go about crying, My Children!" he said. "One should lead her children about carefully, Wife!" he said. "You will carry me up to a rack on a tree! On top of this you will place me. And whenever it happens, that from above the worms will fall, and it is clear that I am dead, this (death and decay) will then take place. It can then be fired and will burn up with me," he said.

45. And so, I suppose, they set the rack on the tree for him and laid him on top of this. Up there they laid him, then left him and went home, merely looking over there now and then. But after four days worms were falling down. "He must have really died," she said. "That was the sign of which he spoke that it would happen," she said. They were crying then, they say. "It must have been true what our late father was saying," they all said, weeping. And, since he has said, "Set fire to it and let it burn up with me," she said: "Set fire to it, My Children!" And immediately she began carrying fire there and set fire to it. After that they left for home. Meanwhile, the blaze started and a large volume of smoke went up! But when that son of his looked back, he said: "My Mother! It just seemed to me then as though my father had jumped down!" "You must not say that, My Son! That father of yours is dead!" she said to her son.

46. And so, from that time on, they lived right in that neighborhood, suffering all sorts of hardship. As for Coyote, he had jumped down in the smoke, moving away from them. He, too, lived with difficulties. In this very manner four years had passed. But after four years some strange man unexpectedly came to them. The looks of this stranger seemed exactly like those of that late old man, when he came to them. "From where do you happen to be?" he asked. "Oh, just around here! We go any old place," she told him. "After the old man, who has formerly led us, unfortunately died, we go any old place," she told him. "I see! This is surely too bad!" he said. "Wonder what sort of things he said; he surely must have been a wise one," he remarked.

"He did not say anything in particular," she said. "What should he say? He said nothing at that time; he spoke nothing," they told him. "But you, from where do you come?" they asked him. "Oh, just from (around) here! I camp wherever the sun sets on me." His travel food happened to be a deer ham, and of this he gave them some to eat. My! How grateful they were, expressing their thanks to him! After they also had prepared gray meal for food on his journey he left them.[4]

47. "Wonder from where this man came to us, My Children. He certainly looks exactly like him, this stranger that came to us, My Children!" she who was the (older) woman said. After four days he again came to them, having deer meat for the road. "Really, what did he say?" he asked. "He certainly used to be a wise one. He also, no doubt, said something," he again said. "He did not say anything! Without saying anything (worth the while) he died, unfortunately!" the woman said. And so he left them for his home. Four days afterwards he again came to them, (carrying) deer meat as his food. Again he gave it to them. "Really, what did he say? He certainly used to be a wise one! No doubt, he must have spoken!" he said.

48. "Yes, he did speak at the time," she told him. "'No matter what happens, one exactly like myself must lead you about,' this he said to us." "Just as I was saying!" he said. "'With him who carries a mountain-lion quiver my daughter must live,' he said (and) after telling his daughter this, he caused us suffering (by his death)," she told him. Then she again made food for him of gray meal and corn-bread.[5] Again he left them, after which she (remarked): "How is it, My Daughter, that this man is treating us so! He really does seem generous, much like your late father! 'You must live with one who is exactly like myself, who has looks like mine' (you know) he told you at that time, My Daughter," she said. "When he returns again you will go to him. Let him be our leader!" she told her. She did not speak. "Why do you not speak, My Daughter? You know your late father left no doubt about it when he spoke! Should one forget such things?" she told her. "Well, where is he! As soon as he returns we will see, My Mother!" she said.

49. After four days he again came to them, and again gave them venison. And so, "How shall it be then, perhaps I ought to go outside," the woman said. She stepped outside, and her daughter followed her

---

[4]Green corn, roasted in heated pits, is ground and furnishes "gray meal," food for travelling. This is mixed in water for a gruel. Sandoval

[5]These are biscuits baked in ashes. Sandoval

out. "Tell him to make a brush circle!" she told her daughter. She entered again. "My mother says to tell you (to) make a brush circle over there," she said. "You shall lead us about, my mother tells you," she said. But he said: "Well, I hardly know what to say? I make a living with difficulty! But since my mother (-in-law) is pleading, I suppose I ought to make the brush circle," he said. So, immediately, he started out with one of the stone axes that were there. And with that he built a bough windbreak. That done, she went in to him there, at sunset. And that night, he who was her father had intercourse with her. From that time on he began to lead them about and in this way he became her (his former wife's) son-in-law; and the (older) woman hid herself from him. And so, it seems, he led them about as well as he could. In time that daughter of his had become pregnant by him. In course of time her belly bulged out and she was about to give birth, they say.

50. Now it seems that her father used to have a wart at the lower part of his head. And whenever she would begin to brush his hair and would feel along the back of his head, he would keep her away from that spot by saying: "A louse bit me here!" "Wonder why he says that," she thought. And when he tried to say, "here a louse bit me," she would feel around that spot and, sure enough, at the lower back of his head was the wart. "How can this be possible?" she thought. "He really does seem to resemble my late father himself!" she was thinking. So four nights passed, with her keeping a close watch on him. Without saying a word about him she was thinking "that certainly is he himself." She then spoke of it to her mother: "My Mother, it just seems to me that this is my late father," she said to her mother. "You must not say that; that father of yours is dead," she told her daughter. "No, My Mother, he has every characteristic of my (late) father himself," she said. "You are wrong in saying this! What is there about him that makes you of this opinion?" the woman said. "Well, (all I can say is) he just looks like him," she said. "What about looking him over carefully? As an unfailing sign there will be a wart at the back of his head, if it really be he," the woman said.

51. She returned, and there she again brushed his hair. Again she began to feel around at the back of his head. "Here a louse bit me," he said. "Let it bite!" she said and kept on feeling. Sure enough, there was the wart! Very carefully she looked at it, then started back and went in to her mother again. "It is true, it is my late father himself, Mother," she said. "Is it there? Did you carefully look at the wart back of his head of which we spoke?" she asked. "I looked at it carefully," she said. "It is the absolute truth, that this is my father. Why do you not believe me, Mother?" she said. "It is truly my father," her daughter said. "Do you really mean this, My Daughter?" she asked. "I am telling

you the truth, Mother! Just see for yourself! Go there, and take a look at him!" And so she ran over there and entered, (although) he was her son-in-law. At once she parted his hair at the back of his head. Although he strove to keep his hair from her she parted it, and, sure enough, at the back of his head was the wart! Then she looked at it carefully. "Man, you surely are a great one! Why, four years ago you died, there was no doubt about it!" she said to him. "Well, yes, it is quite true, I am he," he said. "You are surely a great one! What is there that you do not think of!" she said. "It is quite true," she said to him, weeping.

52. After this happened she simply returned to his home. Meanwhile that daughter of his, with her confinement approaching, simply felt ashamed of him. In time she felt the movement of the child. Then she started out and went somewhere to a valley, to a place called Anthill-covered-with-cactus (east of Shiprock), being in labor. Here she gave birth and then kicked the child into the burrow of a badger. Then she started back home.

10

Old Man Owl Raised Him

53. Somewhere in a draw of La Plata Range, along a place called Big Rock Cave, Old Man Owl had started on a hunt. He was hunting at Cactus Anthill when he heard a baby's cry. And so he went in search of it and soon (found) the baby crying right out on the smooth ground. When he arrived there he heard it inside the burrow and immediately took that baby out of it. He was then quite undecided what to do, (but) finally, he simply picked it up and returned home with it at Cave-under-the-rock.

54. Here Old Owl Woman asked: "Where did you find this baby, anyway? Whose baby do you have?" the Owl Woman said. "It was laying down, inside of a burrow, at a spot where nobody lives. It was just recently born when I picked it up. You will raise it, Old Lady, and take care of it!" he told his wife. "All right," she said, "it shall be my babe, my son, my grandchild." And so, when he brought in rabbits, she would feed it with their broth, and in this manner the days began to pass on. In time, I suppose, it losts its tenderness, then got to be able to creep, and later could stand on its feet. In the course of time, rabbit skins were sewed together, and this furnished a rabbit robe, in which he slept. Old Owl Woman loved him very much. In time he began to walk about, and he then made a bow and arrow for him. After a while he himself was able to go about hunting, and he brought in rabbits and prairie-dogs and field-rats, they say.

55. Meanwhile he got to be twelve years of age. She loved him much and called him Babe, My Grandchild, and had him sleep at her side. This made the Old Owl Man jealous, and his jealousy led him to the opinion that he was committing adultery with her. So he departed from there and returned with him to the place of his birth. "Here is the

[53]

place where you were born, here it was where you came into being. What you do about it is your own affair!" he told him. Then he left him and returned home. But he (the boy) stayed right there. "The fact is that your mother, your father, your grandmother (mother's mother) exist somewhere," Old Owl Man had said when he was leaving him. "Why did he mention my mother, why did he mention my father, my grandmother to me," he was thinking and worrying about it as he went about. He spent the night right there. He camped at the place where he had been told "you were born here."

11

Signs of Warning

56. In the morning he arose. He started out towards the east when he heard a noise in his trachea. He turned back, and again made a start for the south when, again, his nose made a sound. Again he turned back. "I wonder what this means," he thought. Again he made a start, toward the west, but now his ear sounded (rang). Again he turned back and returned to his camp. Towards the north he again made a start, but (now) there was a twitching in his skin. Again he turned back and returned to where he had camped.

57. In this manner it happened four times when, right from the level ground, some young man arose before him. "In this direction, My Grandchild, they moved from you," he told him. "Twelve years ago they moved away from you. As for me, I am your fetus bag liquid, your menstrual flux which once was, that I am, My Grandchild. Your mother is living, your father exists, your grandmother is existing, My Grandchild," he told. He left not even a trace of himself. From there he started out, but had not gone very far when the sun set. He was staying right in that neighborhood when, near him, (he noticed) sticks laying in a circle which were gray with age and seemed to have been used for a brush circle. Here he camped for the night, they say.

58. At daylight he arose and at once made a start again, for the east. But again, there was that noise in his trachea. He turned back again. He made another start for the south; again there was the ringing in his ear, and he turned back again. He made another start for the west, there was the tickling in his nose, and he turned back to his camp. He made another start northward, again his skin pricked him. Going back again he returned and found a small stick laying there, which was the remnant of a burning. This arose, facing him. In the form of a young man it faced him. "It is close by where your mother,

your father, your granduncle, your (maternal) grandmother exist. In this direction they moved away from you, My Grandchild!" he told him. And so he started out again. He had not gone very far (when) again the sun set. Sticks, gray with time, still formed a circle, in the fireplace the ashes were still left. And here he spent the night.

59. At daylight he arose. At once he again made a start eastward. There was the same noise in his trachea (and) he turned back again. He made another start for the south. Again the ringing in his ear gave warning, and he turned back again. He again started for the west, there was the sound (tickle?) in his nose, and again he turned back. He made another start for the north, his skin again pricked him (and) he turned back again. Again, this has happened four times. There was a very poor pot there, with pieces broken out. At any rate, this again spoke to him, in the form of a young man it happened to address him. "This direction (they took) from you (when) they moved," he said. "The fact is, your mother, father, granduncle, grandmother, are (still) existing," he told him. And so he started out again. Without getting very far, the sun had again set, when there was a circle of dried boughs which had served as a windbreak and must have been a temporary shelter. The fireplace was there, showing recent use. Right here he spent the night.

60. At daylight he arose again. From here he started out toward the east, when again the noise in his trachea gave warning. He turned back again. He again made a start toward the south. Again his ringing ear gave warning and he turned back. Again he made a start for the west side, (but) his nose gave warning, and he turned back. He made another start for the north side, (but) again his skin pricked him and he turned back and returned to his night's camp. There a cane, a very poor one, again spoke to him and addressed him in shape of a young man. "In this direction they (left you and) moved, My Grandchild. Your mother, father, granduncle and grandmother moved, leaving you," he said.

61. From there he started out again, across the river, and (he) crossed at the (blue) banks of it. Here, on the other side of the river the sun again had set, when he came upon a windbreak whose boughs were still green. The footprints in the trails were (still) traceable. At this place he again spent the night. At daylight he started out again for the east side. Again , there was the sound in his trachea. (He returned) and made another start for the south. His ear gave its ringing, and he turned back. Again he started westward. His nose gave warning and he turned back. Again he started northward. His skin pricked him somewhere, and he returned back (to camp). Just an old whisk broom, again, spoke to him in the form of a young man: "In this direction

they moved, leaving you, My Grandchild. Your mother, father, granduncle, and grandmother moved away from you!" he told him. At once he started out again, without having covered a great distance. The sun had set on him again, when it turned out that the moving had taken place recently. The boughs used, were still fresh. Of these (boughs) a brush circle had served them as a temporary hogan. And right here he again spent the night, they say.

62. At daylight he again started out for the east. Again his trachea gave warning and he turned back. Again he started out for the south; there was the ringing in his ear, and he turned back again. He made another start for the west, his nose gave warning and he turned back again. He made another start for the north, again there was pricking in his skin and he returned back to his camp. And here the remnant of a broken stirring stick, again, spoke to him and happened to address him in the shape of a young man. "In this direction the moving away from you took place. Your mother, your father, granduncle and grandmother moved this way, My Grandchild," he told him. From here again he started out. Without having gone very far the sun had again set on him, when nearby there was what had served as a hogan. Perhaps four days previously the moving had taken place, they say.

63. While camping there, both of those Owls (spoken of) overtook him, (most likely) for the purpose of killing him. Little Wind had come down upon him at his earfolds, and (he) was placed there to fit the coils of his ear. (So) it happened that he spoke to him from there: "That sound (which you hear) there, is the sound of one who wants to kill you presently. Make him a sacrifice," Little Wind told him. Going out at once (he said): "Do not be saying that! Here is your sacrifice, I am now making it for you!" He made them a sacrifice of white bead. And so they did not kill him. "Now go on! Return, the two of you, My Grand-uncle, My Grandmother!" he said to them. The two had not entered, but had given their call from the outside (and) right then ceased to give their call again. The two then left him, they say.

64. In time he went to sleep but happened to have a dream, in which he dreamt that many people had wanted to kill him and, only with difficulty, he reached safety. In the morning, when dawn appeared, he awoke. "What great thing is this that spoiled my sleep! What, I wonder, shall happen to me when I overtake them!" his thoughts were. And so his dream worried him. But Little Wind at his earfolds spoke to him again: "Do not be worrying over it! It will not happen! Although you have had this dream, it will not take place according to that, My Grandchild!" he told him.

65. And now it was daylight, and this time he did not start out for the east, his trachea gave no warning. He did not start out for the

south, there was no ringing in his ear. He did not start out for the west, his nose did not twitch. He did not start out for the north, there was no pricking of his skin. The several things, which at different times had spoken to him, which had told him "this way the moving away from you took place," none of these now spoke to him. And so he was thinking it over: "So, that is the thing called Warnings! Had I not believed them, who knows, where should I have gone! But since I started out those several times, in accordance with my belief in them, you see, I have now overtaken them."

66. "Now then, I have faith in the thing called noise of the trachea. Whenever I begin an undertaking and I hear this sound in my trachea, I would not proceed farther," he said. "Then, too, if my ear should ring, I should go no farther," he said. "If my nose, too, should give a sound (twitch?), I should travel no farther," he said. "Should there be a pricking of my skin, I should not proceed farther, because a Wonderful One has been placed on me, the Little Wind. A Great One, too, Owl Old Man, has raised me, a Great One, Owl Old Woman has raised me, by spreading darkness upon me, by spreading skyblue upon me, by spreading evening twilight also upon me, by spreading dawn, too, upon me. Because (wrapped) in these I was raised. In the days to come, when Earth Surface People begin to come into being, they shall have faith in what I have here set down as a law. In trachea noises, in ringing of the ear, in nose sounds, in skin prickings, in frequent bad dreams, and in all unusual happenings Earth Surface People should believe!" With these words he so ordained it.

12

He Became a Ute

67. Thereupon he began to track them. At the place where they had camped he spent the night. Three nights earlier they had moved, and he followed their tracks. Again, there were signs of their camp and movement of two days before, and again he followed. Again there were signs of camp and moving of the previous day, and again he started to follow. Again he found indications of a camp and moving that morning, the fires were still burning, and again he started to follow. Where they had stopped to camp he overtook them and entered. None of the people were absent. They were all there—his mother, his father, his granduncle, his grandmother, and those brothers of his. And so he walked in to them, but he did not know them. They made no space for him, they say.

68. Meanwhile, it seems, they simply looked at him. And so, at his earfolds, Little Wind spoke to him: "That is the one there. That is she who gave birth to you, your mother," Little Wind told him. "That one there is your father (and) your granduncle. That one there is your grandmother, that is your brother," he said. "Now say 'Relative' to your mother, and to your father, to your granduncle, and to your grandmother," he told him. The Little Wind told him this in a nice way. He then stepped towards his mother (who was sitting) there. "My Dear Mother, you are the one who gave birth to me. The castaway, to whom you gave birth twelve years ago, this I am, My Mother," he told her. Then he also stepped towards his father. He embraced him. "My Dear Father," he said to him. "My Granduncle," he called him. He paid no attention to him. Then he also walked towards his grandmother. "My Grandmother, of whom you are grandmother, that I

[59]

am," he said to her. He then also walked to his brother. "My Dear Older Brother," he said to him. They paid no attention to him.

69. Up to this time he had finished greetings. Not one of them had called him "Relative." Thereupon he walked out and stayed right around there. "What is this thing that came to us saying My Mother, My Father, My Grandmother, My Older Brother! He is not the kind to be trusted, perhaps, they are saying about you," Little Wind whispered at his earfolds. After a while, when he vainly tried to call them "Relative," they talked about him right to his face; then they were saying that he ought to be killed. On that account he was very much filled with anger.

70. After a while, that father of his said to him: "From where do you come, anyway, that you say this? Wherever your home may be, go back there! We do not know you," he told him. That hurt his feelings very much and, on that account, he was angered. "Let happen what may, I shall kill my mother, and my father also," he thought. And so he shot his mother and also shot his father. Having done that, he started off (in any old direction).

71. Behind him sounds of great excitement could be heard. "Where is that (darn fellow) that came here among us! Two people he has killed, as you see! Had you done this before as told, and killed him, this would not have happened to us," it was heard said. "Perhaps he will come in sight again," it was heard said. Thereupon a vain search was made for him. And he spoke to that shadow of his: "Something is being said about me, perhaps, go there and get some news for me! Find out what is (actually) being said about me, and tell me when you return to me!" he told it.

72. Accordingly, it went there, while he remained (shadowless) where he was sitting. It arrived there, that shadow of his did. "Look out! Look out! Darn the old thing that came among us! Look out!" could be heard. "Children had been playing under a tree, and two of these he has killed. Two children again he has killed, we found," the report came. From all sides the shouting of the people could be heard. They encircled him (his shadow) and pursued him. Right in their midst as they were, encircled about him, he vanished from them. You should have seen how hard they searched for him when, suddenly, he was running again elsewhere! "There he goes!" they cried, and the crowd moved in his direction.

73. The people again encircled him and prepared to charge him. Just as the situation became critical for him, he again disappeared, and they resumed their search for him in vain. "There he goes, there he goes!" they said, and again the crowd rushed towards him. The people

again encircled him and again made ready to attack. And again, just as the situation was getting critical he vanished out of sight. In vain, again, they made a search for him. "There he goes! There he goes!" someone said again, and the crowd again rushed his way in pursuit of him. Much excited, the people surrounded him again. Just as the situation was becoming critical he again vanished. Again they made a vain search for him. "There he goes, there he goes again!" someone said. This made it four times. He had again vanished out of their sight. But he (his shadow) had returned to that place. "You have sent me into a very unsafe place. I was almost killed! 'In spite of all, you will be killed,' they were saying about you," he (his shadow) told him. "They are probably on their way now," he said.

74. Thereupon that shadow of his became himself again. At that moment near him shouts again were heard. He dashed away from there with every ounce of strength. He cut off one twig of hardwood, from which he scraped the bark. From that place, two (persons) started out. Nearby shouts were heard again. Together they dashed off, leaving the tracks of two behind. The two came again, to a Juneberry. From this he cut another twig, again he scraped the bark from it, and three started out. Nearby shouts were heard again and they started off on a run, leaving the tracks of three behind. Again, they came to a currant, and now you should have seen them cut ever so many! When they had scraped them, and many people were coming into being, it was a sight to see this number of people just like a crowd spreading out! After a while they even cut main poles (of a hogan) and (they) started moving away. Again, shouts were heard, but their sound died out right there. But the place was much upset.[6] One could hardly tell which was the main spot (from which) they had moved. There were (so) many tracks of poles, which had been dragged away. "There is no use. This is no ordinary person we are pursuing! It is enough! Let us turn back! He may do unpleasant things to us!" it was said.

75. "That being so, we will just follow them to the top of the hill," it was said. They followed them then to the top of the hill. There they were amazed to see that they had stopped moving. The place was white with tents (from which) the smoke of many fires went up. Many groups of people could be seen, with braided hair, who had gathered there. It turned out that they had become Utes, that they had become Arrow People. This they saw, after which they started back and

---

[6]The place where currants stood.

arrived at their homes. "Not an ordinary one has done this to us, we found, when right ahead of us he was making people! In a short while there were signs of many moving, and of currant (twigs) scattered about him, then of poles which left deep trails in the soil also being dragged along. And when we followed them to the top," he said, "the place was white with tents, side by side, many people braided-haired, were gathered in groups. You should have seen the smoke of these many fires," he said. "We just looked at them. A Ute has done this to us. He was one of the Arrow People—we (now) know," they said. "So that is it! Well, that is the way it is. What is to be done about it?" it was said. "Let them (alone), let them have their homes where they are!" it was said.

76. Then, it seems, that Coyote was again restored to life from above the sky—by Spotted Thunder, by Left-handed Thunder, by Spotted and Left-handed Wind. On the side of this one, of Raised-by-the-owl, the story ends here, while stories about the Coyote (on the Navajo side) are not yet at an end. Stories about him continue on.

PART THREE:
COYOTE AND CHANGING
BEAR MAIDEN

13

The Coyote Robe

77. By running about in too many places, and visiting the homes of the Holy People, Coyote was continually making enemies, they say.[7] Especially often did he run to a place called Slim Water Canyon (Mancos River), where he (went to) see a woman. Tingling Maiden by name, who was taking care of her twelve brothers. This woman, it seems, he would visit daily and enter her home. Everyday he made this route along the top of Rock Point Mesa (Mesa Verde) to this woman, whom Holy People in vain tried to marry—(because) she was exceedingly pretty and a virgin. Then, at a place called Anthill Butte, the Spider People had their homes (for) planting cotton seeds. Here also he frequently came. At this place only (could be found) designed woven fabrics—the black fabric, the white-on-black fabric, the black cotton robe, the white cotton robe, the skirt fabric, the many-fringed sash, (and) the Coyote robe. These (he had seen and) wished: "I wonder how one of them can become mine!" And the Holy People would exchange jewels with (the Spider People) for them. But this Coyote had not the wherewith to do so and had not even a specular iron-ore bag tied to himself. And so he continued to wish for it: "How can it be obtained?" he thought to himself as he frequently visited there.

78. You see, it was for the purpose of getting (his robe) which he has at the present time, that he would run among those Holy People. And so he had seen that this was about the only place (at which) there were any (robes), and wherever he would run among those people, he would speak of it immediately upon his arrival. "I saw a place

---

[7]Curly states that Coyote no longer acts as messenger for First Man, but acts independently.

where there are fine woven fabrics," he would say. Now, in this way, he would tell the people of it. "Wherever it may be, you make a fuss about nothing, First Scolder, you tell a lie! Where could there be anything as you say!" they told him. "No, it is true, I really saw it," he said. And then, again, he would rush off to the top of Continental Divide, running along the top of the entire ridge. He had come to the place called Brace-in-the-rocks (Pueblo Bonito). "Well, well, My Cousins, give me some specular iron ore, I want to go begging with it," he said. At this place, too, he spoke of it in vain. "At Anthill Butte, there is this kind. I want to go begging with it (the iron ore)," he tried to explain to them. It was useless. Nothing was given to him.

79. From there he also went to Blue House (a ruin in Chaco Canyon): "Give me some (specular) iron ore and jewels, My Cousins, My Fellows," he said, again without having his wish fulfilled. They put no faith in him: "Does he ever say the truth?" they were saying about him. After he had failed, he again started out from there and reached Wide House (Aztec, New Mexico). "I go about, saying 'take pity on a fellow,' My Cousins. In vain I am asking for specular iron ore and jewels; I want to go begging with them," he said. Again he did not succeed, because they disbelieved him: "Is there any truth to such talk? What does he mean by running around with such talk!" they said of him. It seems that he would return to his place, then start out again, and not (so) that he ran about these places in one stretch. Again he came to Slim Water Canyon (Mancos River), but again did not succeed there. "You certainly show no pity, My Fellows, My Cousins," he said. "Let me have some of that specular iron ore, and give me some jewels! I want to go begging with it!" he said. "What does First Scolder, Coyote, mean by saying these things around here? Chase him out of here! He runs around everywhere," they said of him. "*Hm!* he scolds, does he? He loafs, does he? Why should this man of intelligence not have his sayso?" (and) saying this, he started off again and returned home from there.

80. After a time, it seems, he went over and reached Anthill Butte about the time between the months of December and January. And it happened that they found him there when they returned home from gathering various foods. "What are you running after, First Scolder, Coyote. No place is sacred to you. Go on, run along!" they told him. That was (because) there was (universal) regard for Old Man Spider. "Although you (now) say this, I shall return right back to you," and with that he started off. He returned to them again. "I came with a desire to spend the night at your place," he said. "Do not talk! Go elsewhere, First Scolder! Do not make it uncomfortable for us!" they told him. "I will be right back to you again," he said as he left for home.

"For what reason is he doing this to us? First Scolder is bothering us pretty much!" they said. "Take good care of some of the things! There, at the Emergence Place it happened, (so) that it has not been similar to a night. Before (long) he had stolen a man's fire," said Old Man Spider. Again he returned to them. "I want to spend the night at your place, My Fellow, My Cousin," he said. "Why is it that I ask you in vain to stay at your place over night?" he said. "Here! Do not say that, First Scolder, Coyote! Go elsewhere! What do you mean to do to us that you are bothering us! Absolutely no place is sacred to you!" he told him. Again he started back. "At any rate, I shall return and spend the night right at your place," he said as he was leaving. And so, it seems, he again returned to them for the fourth time.

81. And this time, it seems, he arrived there at sunset. Here, on the east side of the interior, there was a crosspole for white cotton robes; on the south side there was a crosspole for buck skins, on the west side one for mountain-lion skins, while on the north side there were designed fabrics, skirt fabrics, black fabrics, white-on-black fabrics, with a Coyote robe hanging at the end of the line—(although) at that time it was not (yet) named so. Just about sunset—My! How the wind began to whirl the dust! It began to blow (the dust) like a very light snow. And as the night passed along it became bitterly cold. "What shall I use for the night?" he said, and when he began to take the white robes, twelve of which were on the crosspole on the east side, there was no interference. These he stacked over there, one on top of the other, and lay down with them. Just a little before midnight he brought them inside again, saying: "There is no protection (with these)." Then, it seems, he spent the night right inside. On the following morning he went home and returned again at sunset.

82. The buck skins, twelve of which were hanging on the southside crosspole, he again carried away. With these he again lay down on the south side, about as far away from the place as one can distinguish in the dark. And (he) spread them one on top of the other. After midnight had passed, he carried them back inside. "This is just a little better, I find," he said. He replaced them on the rack again and did not carry them around with him, (even though) he met with no interference. The people simply thought: "Let him alone, and see what he does." And so he again spent the night there, went home at daylight, and returned here at sunset.

83. Those mountain-lion skins, of which there were twelve on the west side, he again began to carry away to a distance at which objects can be distinguished, and (he) again lay down in them. When night had pretty well settled, (toward morning) he brought them in again. "That was almost comfortable," he said, as he replaced them on the

rack. Again, he spent (the balance of) the night inside, went home in the morning, and returned at sunset. Of those hanging on the north side he took the one which was endmost. North of the place (he selected a spot) on the wind side, under a tree, right where the wind was scratching the dust, and there (he) lay down in it. He was gone indefinitely. After a while it dawned in the east, then full daylight appeared, and in time it even was about sunrise, (and all the while) they expected him to come at any moment. After a while the sun rose, and in time it warmed up.

84. Now, at last, he was coming along in it, talking to himself as he walked: "Here is the thing! Where is there a holy place that I have not visited for this purpose!" he was saying. "This surely looks good. This must be mine, My Fellows, My Cousins, please!" he said. "No," they told him. "No, it must become mine," he said. "No," they again told him. "Let it be mine," he said. "No," they again told him. "Let it be mine, My Fellows, My Cousins, please!" he said again. They sat, without saying a word. After that they finally spoke: "You might as well let him have it. His evil spell is to be feared."[8] Thus, it seems, it happened that he sat there, persistently pleading with them for it. "Stand right there in it, on your fours," he was told. And when he stood in it on fours, he (Spider) blew on him four times and, suddenly, it had slipped on him (to fit), they say. "This is surely appreciated," he said. "Coyote Robe has slipped on me! You (can now) overcome the cold with it any time, you (can) overcome snow with it any time," he said (to himself).

85. After that (they told him): "Be on your way now, your will has been done. You have selected the goods for yourself, just as you wished. This very thing, which was prized most and kept back as of great value, has become yours. Do not bother us any more. Go, and move on!"

---

[8]A persistent refusal after four requests is not safe. He may employ witchcraft to obtain it. While a request is rarely repeated in the legends more than four times, and must be granted when this has been done, the incident related here furnishes the only instance in which fear of witchcraft is assigned as a motive for granting a request.

14

Tingling Maiden

86. After that he returned to his home at Mountain-around-which-they-moved, and in time (he) came to Water-scattered-in (Chaco Canyon). "Look at this fine Coyote Robe with which I have been blessed," he said. "At the place called Anthill Butte I spent the night in the home of Holy People. There are great things there for which they ask jewels," he said. Then he counted up all the goods (which are) to be had there. There is the so-called fabric with designs, the skirt fabric, the dark fabric, the sash with many fringes. There is a black cotton robe and the white cotton robe. You see (these things are there). Take a look at them! You do not believe me! Go there! Jewels are wanted," he said. From here he went again, to Blue House, and repeated the very same story (which) he had just told. He also went to Wide House (Aztec), repeating the same story. "You see, you do not believe! Go there! Jewels are wanted," he said.

87. He then dashed off again, to Slim Water Canyon (Mancos River), hopeful of result, and came to Tingling Maiden to whom he proposed marriage. "How does it happen," he said, "that you live without a man? Only with a man are conditions good! I want to stay right here, I want to carry wood for you," he said. "I (always) said, that whoever kills Big Yé'ii, he shall be my husband," she told him. "Who could kill Big Yé'ii, anyway! You say the impossible!" he said. "Do you really mean this?" he asked. "Of course I do. Whoever kills Big Yé'ii shall be my husband," she told him. "Do you say this really in earnest?" he asked. "Yes, I really mean what I say. Whoever has killed Big Yé'ii shall be my husband. That is what I say. Therefore they usually speak to me in vain," she told him. "You say this in real earnest, do you not? You speak this way in truth, do you?" he asked. "Of course I do! Do (you think) this is mere talk?" she said. "Neither will it do to

[69]

merely say 'I killed Big *Yé'ii*,' but when he has brought me his actual quiver and his head-bag, only then shall I believe," she told him. "All right, I see it is so, I see you speak in earnest. I shall see now what can be done about it," he said as he began to leave. He returned home, but could not sleep on that account.

88. And so, in time, he went to Big *Yé'ii* whom he occasionally had visited on top of Continental Divide. "How is it, My Cousin, that humans simply outrun you? How is it that you are so slow on your feet?" he said to him. "Let us go into a sweathouse! We will make a sweathouse (and) I shall give your legs the power of swiftness," he said. "I will put an emetic for you on the fire. Both of us will vomit. There is probably some rottenness in you. Perhaps, on that account, you are not quick on your feet," he said. "All right, My Cousin, it is true. I am that way, for a fact. Humans simply run away from me," said Big *Yé'ii*. "Do that! Put the power of swiftness in me, My Cousin!" he said. Immediately the two men began to build the sweathouse. They made the sweathouse and built the fire for the stones. The Coyote then went out for swamp grass, and ordinary grass, with which he prepared an emetic. This he put on the fire for him (in a pot to boil). He had also brought a small amount of bark into which the two might vomit. Having stolen a deer thigh bone, from Tingling Maiden, he had brought this with him. He had also made a wooden club for use on him, which he had already buried in the ground somewhere near the exit. The deer thigh bone, too, and a knife, he had concealed inside without being seen by the other. He then asked: "What can we use, My Cousin, to put at the entrance?" "All right, there are some of my rags," said Big *Yé'ii*. "Go back for them, My Cousin," he told him. He went home for these rags, and soon he was actually coming along with them slung over his shoulders.

89. Immediately the stones were placed inside. That emetic he removed from the fire and placed it nearby, saying: "Let it cool off, when we come out (again) you can drink it!" And now the two men went into the sweathouse. "Now we are about heated. Let us go out and drink the emetic, My Cousin," said Coyote. "All right," he said, and with that Big *Yé'ii* crawled out first. Immediately he poured out that emetic for him, and some for himself. But (he was) only pretending to do so (for himself). "Drink!" he told him, and My! how he gorged himself. He, too, now and then, lowered his head into it; but he was only pretending (to drink). He then placed that bark before him, and put one before himself. "Now close your eyes and begin to vomit," he said. Straightway he knelt down there and, making this sound *gwe gwe*, he vomited. He, too, was saying *gwe gwe*. And he certainly was busy putting his finger down his throat to (cause) vomiting! "Do not

open your eyes!" he told him. But it happened that, when Big *Yé'ii* began vomiting, he discharged nothing but fat, while he, on his part, vomited stink bugs, grasshoppers, and (other) bugs which lay in a crumbled mass. And while Big *Yé'ii* kept his eyes closed, he placed his vomitings before himself and those bugs before the other. "Now open your eyes!" he told him. And when he opened them there was, to his great surprise, the container with bugs before him, while before the other a mass of fat was heaped. "That is the way it is, I said so (right along)! I told you, 'there must be ugly things in you.' See for yourself and look at it! Bugs, in any number, are heaped before you!" he told him, "while mine here is a heap of (pure) fat before me. You can see! Look at it!" he said.

90. And so, I suppose, that happened. "I have now shaped you (so) that nothing interferes with your breathing. Now I shall also fix your running power inside," he told him. In the meantime (as already mentioned), he had placed the deer thigh bone and a knife under the floor (of the sweathouse), which the other did not see. So, then, the two men entered, and to block his way he sat towards the exit and so forced him to stay in the rear part. After some time, when they had warmed up, he said: "Now it can be done." He then brought forth the knife and the thigh bone mentioned. He had brought a small boulder of convenient size inside. Directly (he placed) a bone with flesh on it, (which) he had with him, over his (own) thigh. "I shall do it first," he said, "I will give myself the power of swiftness." Then he told him: "Put your hand here, feel and see how it is!" So he passed his hand over the spot. "I see, it is all right," he said. "I shall now cut my flesh apart and, across there, I shall break my bone. I shall then, immediately, make it whole again and (then) do the same to you," he told him. "Go ahead," he said. Directly he cut that thigh open, then struck it with the boulder. "Across here I have broken that bone of mine, feel it again!" he told him. And after he had broken that bone he said: "You can see now for yourself, I will do the same to you." He then slipped that bone away from there (spitting lightly): "*Tu tu, pu pu pu*, it becomes whole again. *Tu tu, pu pu pu*, it has become whole again," he said.

91. "See, there! Feel it again, it has become whole again!" he said. "Ha! Oh my! Look at that!" the other said. Immediately he told him: "Put your feet here!" Then (he took hold) of his thigh and said: "Look out, I am about to cut your flesh apart!" And as he cut his flesh, the other began to moan: "*Eei! Ha-ah, ha-a, e-e-i!*" he said. And so he cut his flesh open at that spot and exposed his bone some distance. At once he broke his bone in two, with the boulder. "Spit on it, while you say —'become whole again'!" he told him. But he was merely ridiculing him when he said (this). "*Tu tu tu tu!* Become whole again!" he said in

vain. "Where did a (broken) bone ever become whole again!" he said as he began crawling away from him to the outside. Once outside, he unearthed the wood club and was holding it up, ready for use on him, when the other came crawling out. Just as he appeared, crawling out, he struck the back of his head. "*E-e-i-i*, you surely show no mercy!" he said. As he crawled along, he treated him worse than before (he killed him). At once he thrust his quiver into the head bag and, having done so, began to carry it away.

92. He arrived again at the place named In-the-rock Canyon, still carrying that head bag.[9] There, wherever the place called Earth Shelf may be, he owned (a farm) where he planted and raised small-eared corn. Here he spent the night. Just about sunrise he returned to Mountain-around-which-they-moved. And at once he started out for Slim Water Canyon and reached that mesa point, along the rim of which he usually ran and, as a rule, went down at the other end of it. So, finally, he again came to Tingling Maiden and carried the head bag in to her. "That Big *Yé'ii* (you spoke of) I have killed. Here is the head bag and quiver which belonged to him," he said. "'Whosoever has killed Big *Yé'ii*, him I shall take for my husband,' as you said. Here it is! I have killed him. There! Look at this!" he said to her. "Oh no! Who can tell what quiver that is which you have! Who knows what head bag you have!" she told him.

93. And here they were still talking with each other when Badger also came there. After (Coyote) had left and stood yawning out on a ridge, that Badger, it seems, had also proposed marriage to her but did not succeed. Coyote again returned here. To one side the two were talking to one another in a low whisper. "How can we two marry, anyway! There is surely small chance (where) other people have failed (before us)," they were saying—when she (suddenly) spoke to them: "Go hunting! Whichever one brings home a big load he shall be my husband," simply to say something (to get rid of them) she said this, it seems. When darkness set in, Coyote began to scheme again, and said: "Let us sing, My Cousin!" "Let it snow, let it snow on me, my rabbit's mouth blood *yo-ai-ye-is-go-la!*"[10] And when immediately it began to snow, the Badger said: "My Cousin, my limbs are short. Why do you

[9]This Sacred Canyon is located somewhere along the north bank of San Juan River.

[10]I shall kill rabbits.

not say, "let it snow about as deep as an earth wart." He tried to tell
him.[11] The night passed, with snow falling all night.

94. When daylight appeared the landscape was a surprise. Only
the tips of gramma grass swayed in the wind. At once the two men
began hunting, not sure at all of success. And while the Coyote merely
scared them up, and only chased them into their holes, the Badger dug
them out here and there. Late in the afternoon he (Coyote) had
succeeded in twisting out two, with no hair left on them,[12] while the
other fellow had placed his in round heaps at various places, with no
bald spot on them, (because) he dug them out with skill. But when,
late in the afternoon, he was going back again to his digging places, he
(Coyote) came upon him. At his (the Badger's) home he blocked the
entrance with stones. Then he put his bundles, that is, the round
bundles which (Badger) had made, on his back. The two poor ones,
with their hair twisted off, which was all he carried (earlier), he threw
down there for him, instead.

95. From here he returned with the other's pack. "Come on now,"
he said. "There is no use talking! Anyone handicapped, in various
ways, can hardly compete with me in giving chase. It is clear, that
other fellow cannot accomplish anything great. He will probably
return without a thing. Come on! Let me cohabit," he spoke in vain.
"No, the other one is not here! Why should we?" she told him. "Oh,
what can he do! More than likely he is now on his way without a single
one," he said. And how he would run out to look from time to time!
Just after the sun was out of sight the other entered, all hair-scratched.
Those (two) rabbits of his he threw down at his feet. "You surely are a
great one, wherever you go, First Scolder, Coyote. You show no pity!
It was you (I see) who blocked my entrance with stones! With much
difficulty, and only after losing all my hair, was I able to crawl out,"
he told him.

96. But with those (two) rabbits of his he jumped across, saying: "I
want to singe them for myself." Then he threw them right into the
blazing fire and, after merely singeing them, he began to tear off with
his teeth. "I surely must have been hungry. I surely enjoyed (this)
meat," he said as he lay down to pick his teeth. Without either of them

[11] Earth warts are small soil formations, or balls, about an inch high and shaped
by rain in adobe soil. Sandoval

[12] He used a stick to twist them out of their holes. But this tedious method left
his two rabbits shorn of their hair.

cohabiting with her they spent the night there. At daylight the two merely started for home. Coyote returned to his home at Mountain-around-which-they-moved and back to her, while Badger went off somewhere.

97. From his home he again started out toward her. But he ran only along one particular path, on top of Rockpoint Mesa (Mesa Verde), which he did to keep the country in sight. Every day people made useless efforts to marry her and, with this objective, were daily passing back and forth, while he would dash over there without being seen. For this reason he usually ran along one path. And if, after scanning the country, there was nobody coming, he dashed off to her. And at once he (would) say: "I am going to marry, I shall stay right here. I will carry wood for you, and water." "No!" she told him. "I only want to stay right here! (So) do not say that! There are various things that I can do for you," he said. Again she refused him. "Do not say that, please! Right here I shall stay. I will carry wood for you, and water," he said to her again. But again she refused him. "Do not say that, please! I only want to stay here. I can do various things for you," he said. "The one whom I kill four times, and who comes to life again each time, he shall be my husband, I say. That is settled!" she said to him.

98. Now it seems that Coyote's breathing-means, and his nerves, were (forced) to the tip of his tail—when he swallowed them, I suppose. So he said: "Hurry, kill me now!" "Is that true?" she then asked him. "Of course, it is true what I am telling you. I have long ago surrendered myself to you. Come on, kill me!" he told her. "Do you say this in earnest?" she again asked him. "*Hm!* Do you say this in earnest! Why! I tell you, I have surrendered myself to you. Come on, kill me, and be done with it," he told her. "Do you really mean it?" she again asked him. "*Hm!* Do you really mean it? Do you think I am saying this just to show off? Come on, be done with it and kill me!" he told her. "You say this really in earnest, do you, First Scolder?" she asked him. "I am saying this in earnest to you. You may drag me out of sight and club me to death! But do not kill me inside, (in) here! I have surrendered myself to you entirely," he told her.

99. So now, finally, she grabbed him at the back of his head and began to drag him over the first ridge, where she clubbed him to death. With absolutely no sign of sympathy for him she killed him, then she threw him aside. She returned from there to where she had been sitting and sat down again. Some time elapsed before he returned and squatted down by her side. "This made it once. Three times more are left. Come on!" he said. So, at once, she again began to drag him

off and dragged him over the second ridge. There she clubbed him to death, then cut him up, and again returned from there.

100. About as much time elapsed, as on the first occasion, when he again entered and squatted down beside her. "That makes it twice, two more are left. Come on!" he told her. At once she again began to drag him off, and dragged him beyond the third ridge. Here she clubbed him to death again and, after chopping him up into small particles, she scattered these in every direction, and started back home. Just as she was entering, he again followed in and squatted down at her side. "That makes it three times. You see! Only once more is left. Come on!" again he told her. And, again, she began to drag him off and dragged him beyond a fourth ridge, killed him again and, after chopping him into very small pieces, and grinding him up with soil, she scattered this in all directions. Again she started back from there and entered her home. But the curtain had hardly fallen when he again came in to her. "There! Now you see, the number is complete. Come on!" he said. "No! My brothers are not yet here. When they return (we will see) what they will say," she told him.

101. In this manner they were merely talking with each other until sunset, without her having given consent. Then at night, it seems, he lay down opposite her, in the corner of her room. (But) it turned out to be surprisingly cold. So he built a fire, and continued to sit next to it. After some time he had burned all the fuel. Towards dawn he began to crawl towards her. "This is fierce, My Fellow, My Sister-in-law," using two relationship terms. "Let me lie at your feet, My Sister-in-law," he said. "One need not (necessarily) do only sexual things. I simply want to lie here," he said. "All right," she said to him. My! How he was trembling there, saying all the while that this is unbearable. "Let me lie with the end of the blanket over me, My Sister-in-law, My Fellow!" he said. "All right," she answered. "Let me just lie aside of you; this is getting quite unbearable; one should know better! We need not have sexual intercourse, My Sister-in-law, My Fellow!" he said. "All right," she told him. And my! How the front (belly) of him who lay at her side did show white! "*Hahá, hahá*, this is getting unbearable, My Sister-in-law, My Fellow, I am chilled," he was saying as he would twist himself more and more about her.

102. After a while, in fact, his urine squirted out and spread a stench of Coyote urine. "I will just lie with (my penis) resting on it, My Sister-in-law," he said. "Go ahead," she told him. "Let me lie with it just inserted, My Sister-in-law," he said. "All right," she told him. It was surprising, what various things he was trying out! "Let me move my buttocks close once, My Sister-in-law, My Fellow!" he said. "All

right, do it," she said. "I will move my buttocks close three times, My Sister-in-law, My Fellow," he said. "All right, do it," she said to him. "Four times, five , six times I will move my buttocks closer, My Sister-in-law, My Fellow!" he said. "Go ahead," she told him. "Seven times I will move my buttocks close, My Sister-in-law, My Fellow, seven, seven, seven, seven, oh, I cannot count anymore," he said. She, too, simply held him close to herself. She, too, (did this), I suppose, without knowing (how often). She, who up to that time had refused others, had become the wife of the worst she could find. She made Coyote her husband. All night, till morning, he continued bothering her.

103. At daylight, having prepared his food, she eagerly set it before him, to eat. "I could stand some more. I could simply continue eating (all the time)," he said. In the meantime her brothers were (late for) some time in returning from the hunt. He began to run about at (their) place doing various odds and ends for her, such as going for fuel and water, and many nights must have passed. And so she thought, "this must be about the time for my brothers to return, I had better boil meat and await them." And so she prepared the pots. But it was not long before he then said: "I am hungry," and she dished out some of the food to him (which she was preparing for her brothers). After dishing out four times to him there was no more left. And so one thing, sexual intercourse only, occupied these two. As a result he had given her home an odor of Coyote urine. About this time their home-coming took place.

104. Upon their approach she shoved that husband of hers behind a bundle (of goods), so they found her alone when they entered. The place, however, did not have its old appearance. There was no food, (and) even the fire was all together extinguished. In this shape they found the place. "What is wrong here! This is certainly not the same place! There is not a thing to eat! Why! It was understood that we usually return about this time," said the oldest one (of the brothers). "Build a fire there! Bring in plenty of fuel!" he said. One of them, having gone out and brought in fuel, stacked much upon the fire. When the fire was in full blaze, and the interior of the hogan had become heated, what a stench there was, of Coyote urine! That sister of theirs sat there without saying a word.

105. "What can be done about it? This certainly is getting unbear-able! Why is it that this Coyote must run everywhere!" he said. "Throw that (wood) out of here! What can be done with it! This Coyote urine is getting to be unbearable! Break off some gray (dry) twigs from the lower side (of trees) for a (new) fire!" he said. The fire which they had made was scooped out, and a fresh supply of dried

twigs, from the lower side of trees, was brought in, and a new fire (was) built. But when the fire started to blaze, there was the very same stench. "What can be done about it! Everywhere that Coyote must run! Throw this out again, and break off some of the dried limbs a little higher up, and build another fire!" he said. And so that fire was again thrown out. New dried branches from higher up were brought in and the fire built again. Meanwhile, it seems, they were smelling this worthless fellow, lying behind the bundles—while their sister said nothing during all this time.

106. The fire was lighted again, but the stench was greater than before, possibly (even) worse, as soon as the hogan was warmed up again. "*Whew!* What is this, anyway! Throw this out and break off some dry limbs up high in the tree tops to build the fire!" he said. That was done again, but the stench was increased still more. "What in the world can be done about it! Where can he be lying and spread so strong a smell? Possibly he is lying around here somewhere!" he said. He was somewhat peeved on this account. At that instant he jumped from behind the bundles to the fireside. "What has happened, My Relations-in-law, My Brothers-in-law, My Fellows, My Cousins? How is it that you smell me?" he asked. Her brothers simply hung their heads in shame.

15

How People Killed Coyote

107. After that the family placed the pots and prepared food for themselves, and the people ate with that odor of Coyote urine circulating there. "What you have done is appreciated. We have been much worried about our sister. There are various things hereabouts which you can do for her," he said to him. To the side he spoke to his younger brothers: "It would be embarassing to us (in the end). Why not make a brush circle somewhere and let us live there. Should we sleep opposite our sister when there is a married man?" he said. And so, after a brush shelter had been thrown (together) on the east side, they gathered fuel and moved out to that place. The sun set. And soon, surprisingly, much laughter was heard! After a while there were sounds of a song. "*Oh! Hm!* That is not sung for a good purpose! Wonder what the future will bring, that this is being sung?" said the oldest one of them. This same singing continued till daylight. At dawn, finally, the sound ceased. In this manner they spent four nights. Everything was put into her—the manner of enabling one not to die, and of hiding her breath-(soul), this all she learnt from him.

108. When dawn appeared in the east he said: "Hurry! Prepare some food, we shall go hunting again!" And while they busied themselves here with the food preparations, he went in to see them at the other place. "We are going on a hunt," he told him. "It was good of you to do this, My Brother-in-law. In the past we worried for our sister.

You must take care of her in our stead here, and help her (replacing) us by carrying wood for her, and water," he told him. "Let me go with you, I can turn the animals towards you," he said. "Do not say that! You see, the worry which filled our minds for our sister you have splendidly taken (from us). Take care of her around here for us," he told him. "But I want to go with you. Let me turn them towards you," he said. And so he left him and returned to the place where his brothers were. "'I want to be with you when you go, says First Scolder. I shall turn the animals your way,' he says. 'Do not!' (I said). 'We were very much worried about our sister. Stay here in our stead and help her,' I tried to tell him, but he insists to be with us when we go," he said.

109. And so, in the morning, the men ate, and thereafter started out on the hunt. Directly following them, he (too) dashed off and, suddenly, overtook them somewhere, saying: "I want to be right with you." And so they went on the hunt with him to some distant place. They were still going along when, nearby, the tracks of a pair of mountain sheep of good proportions were found, which led right along the rim of the rocks. At once they sought an ambush for them, and arranged to seat themselves one beyond the other. "Go ahead, My Brother-in-law, turn them in our direction," he told him. At once he started out and went after them. No time at all had passed, scarcely, before he was right at their tails and was racing this way with them. They brought both of them down with a shot, and both were killed. He jumped on one of them, saying as he sat on it: "The fat of the horn is mine, My Relations-in-law!"

110. Now, as for the horns, they formerly were a fatty substance. Horns, they say, (were) stuffed with fat, and belonged to the hunter who had killed (the animals). "No," they told him. Four times it happened that he said "the stuffed horn is mine," and they said "no" to him. And so, when they were skinned, and one of them began to cut off those horns, he said in a whisper: "Turn into a bone! Turn into a bone!" "What sort of talk is that 'turn into a bone'? What does that mean?" he asked. "No, I was merely saying 'turn into fat,'" he said. Then he who was cutting the horn could merely slip the knife along the edge of it—all the way to the tip of the horn. For this reason its horn is wavy and, what was done to one turned out to be cut exactly the same way on all the other horns. "Surely, nothing is sacred to you, wherever you go, First Scolder," he told him with no pleasant feelings toward him. He, however, did not as much as pay any attention to it, but was going about here and there. By putting the venison together into a very small mass, they made packs of it. By preparing it in this manner, even when they would kill as many as ten fine bucks, they

would carry them home. But (carrying) must be done without sitting down, until (one reaches) the hogan.[13] Then only it should be opened and, upon opening it there, it would increase very much.

111. Accordingly, they told him: "You may go home now, but whatever you do, do not sit down with it! Only when you have reached home (you may sit down), not before!" "All right," he said. "As for us, we still want to hunt around here, as there is no particular need for hurry. Some time or other we will return over there," they told him. "All right," he said. No matter what they said, he was always satisfied. And so, with the pack on his back he started out for home. He had not proceeded far before he squatted down with it. When he tried to lift it on his back again, it seemed (much) heavier than before. Farther on he sat down with it again. He appeared to be moving around with it sittingly, then slowly lifted it up and crawled around with it somewhat. A little farther on he squatted down with it. He could not lift it any and must have taken some out—since he stacked it on the branches of a tree. With the balance he then started out again. (But) just (a little) farther on he set his pack down again. And when he tried to lift it on his back he failed. After a while he crawled with it, until he came below a tree and simply decorated the tree with it, and then another one. Then he simply laid some of it in the sun.

112. From there he went (up) to the rim of Slim Water Canyon, minus the meat. Down there (it seems) Swift (Swallow) People, Spider People had their homes, and (they) were Holy People. Coming along the rim he said: *"Huh! Hey!* Why is it, *hey!"* he said. "There, where you could not get married, at that place I got married and live," he said. "Why have you such ugly wives, since you can see that their teeth jut out!" he said. "You, too, are simply ugly, while I have a beautiful wife, the beautiful Tingling Maiden," he said. "Do not be saying so. Get away from here, Coyote, First Scolder! Do not make it uncomfortable for us! Do not make this place unsacred! Be gone from here!" they told him. *"Hm!* Coyote, is it? First Scolder, is it? He roams, he scolds, does he? Should an intelligent man like myself not have his sayso? The fact is, I alone use sense, for your benefit," he said. Gradually they simply despised him and would charge at him. But my! How quickly he would dash away from them! "What can be done (about) it! Let one of you notify Spider Old Man, Spider Old Woman," it was said. So Spider Old Man and Spider Old Woman were notified of it, they say.

---

[13]After starting out with a pack of venison, sitting down for a rest, was taboo. Curly

113. About that time Coyote was again walking about not far away and cussing them. "Do not bother him! Let him go! Ignore him!" they said. Meanwhile Spider Man and Spider Woman both wove a net with their web ahead of him. And thus Spider Man spun his web in his path. Spider Woman also spun her web, Spider Man another, (and) Spider Woman also spun another web. "It is ready," it was said, then "Let us go! Do not hesitate, but let us charge at him with all our might! Even though he (will) plead, we shall tear him to pieces," they said.

114. And when the signal to go ahead was given, they moved upon him in mass, and it was simply surprising how he began to step out! And holding his nose in the air, he ran off. In this manner he ran through the obstructing web which Spider Man had woven. The next web, which Spider Woman had woven, he also ran through and again pierced the (next) web of Spider Man. That left only one more. By this time, I suppose, the people had almost overtaken him in their chase, while he kept turning his head from side to side as he ran along. The web which Spider Woman had woven alone was left. This, however, he did not pierce. He merely bumped into it, and in this manner they caught him. What a shout they then raised! Each made a rush for his hide, small strips of which they strung into head bands. The white streak of the Swallow People (Swifts), whose foreheads are white streaked, is that of Coyote, they say. All had now grabbed him and had killed the former Coyote, the former First Scolder, they say.

16

Changing Bear Maiden

115. Meanwhile the men, who had gone on the hunt and whom he had left to go home, returned from their hunt and, again, reached their sister's home. But she, it seems, (said): "Where did he go who accompanied you?" asked the Maiden-who-becomes-a-bear. "What does that mean? Why! He started to return here with the pack long ago!" "You must have killed him that you say this. 'He already started to return here' you say, when the fact is (that) you have killed him! The fact is, you hate him, you despise him, I know it!" "He certainly did start to return, I tell you! He took a pack with him," said the oldest of them. "No doubt you have killed him that you say this. Of course you hated him, of course you despised him, and (now) you say this!" she said. "He started to return, I tell you! He already started this way with a pack, he did, for a fact! For which reason should we have a grudge against him?" he said. After that she spoke wildly: "You do hate him, you do despise him, I know it," she said. And so they left her and walked out.

116. On the east side stood a mountain, small in size. And here, when dawn appeared in the distance, her growling could be heard and at sunrise, she returned crawling out—with (hands) wooly from the wrists up, (much) like bear paws. Of her deer-bone awl, which (she used at home), she made teeth. What was her heart, her veins, her breath, her blood, she had buried somewhere in the ground. From here she dashed off over the surface of the earth, all day long, seeking in vain until sunset, they noticed. She had come to the Swift People, they learnt, and found trouble as they filled her with their arrows. But without her blood, without her breath, without her heart, without her nerves, and thus without her life breath, she was able to do (to survive)

[82]

this. At the time she had made Coyote her husband, him who had come to life again after being killed four times, and who had swallowed his breath, his heart, his nerves, his blood, and had forced them to the tip of his tail, this whole (knowledge) was placed in her, and she had mastered it all. Now, I suppose, she was using it.

117. And so she reached home, fuzzy with the arrows of the Swift People. Here she stacked a big fire, around which she walked (and sang):

> Those Monsters, those Monsters, to them I am going
> I am now Changing Bear Maiden, as to them I am going
> From her now the arrow points of the Swift People
>   are working loose
> From them their very magic (powers) fall
> From them their very magic falls in bunches
> Those Monsters, those Monsters, to them I am going
> *Go-la-ga-ne*

118. That she did, they say. And the arrows would all work loose from her. Another night passed. When the sun rose yonder she had become wooly from the shoulder down, and she turned out to be restless, not stopping in one place. She ran clear around the edges of the sky, and another day passed in a vain search. Again she came to the Swift People, and again they filled her with arrows. Again they made her fuzzy with numerous arrows, they found. Again she returned home, built a fire, and walked around it. Those arrows again worked loose and fell from her and fell out in bunches.

119. All this, it seems, she did while her heart, her nerves, her blood, her breath were buried. She was doing this without breathing. Another night passed. She had dug into that small mountain from the east side. At dawn her growl was heard there, and at sunrise the entire surface of her body had become wooly. And again she started out and, after searching everywhere in vain, another day passed. Again she came to the Swift People who, again, filled her with arrows. Again she returned fluffy with any number of arrows. Again she built a fire which she encircled, (singing as before).

120. Then this happened. All arrows worked loose from her. And another night passed. When dawn appeared yonder, her growl could be heard in the direction of the small mountain into which she had dug. At sunrise a fine big bear came out of it. "This is certainly a serious thing, My Younger Brothers! Surely, not for a good purpose is this happening! Look yonder! Is our (former) sister not a sight!"

Coming out as a fine big bear they saw her. "Where can we (save) our lives! Where can we go? There can be no doubt that she does this to devour us all! Would she do this and spare any of us?" said the oldest (brother). "No matter what happens, we must scatter out of her sight, without knowing where (to)," he said. "But you, in any event, must remain here," he told the youngest one. He said this to him who was the Sloppy (the Youngest of the family).

121. Inside the hogan, down in the fireplace, he dug a hole for him. In this he put some food for him, and some water. Along the south side he dug, so that it would meet the opening under the fire place. Down into this he went, taking his arrows with him. With a thin stone slab he closed the entrance for him, raked soil over him, covering him with a thick layer of soil. Above him, where he had raked the soil, he built the fire. With the opening along the south side he could get breath, along where he was sitting, at the junction of the (two) openings. "By some good fortune she may perhaps spare one of us," he said to Sloppy. After that, each one left, eleven in number they left, uncertain and with no definite place in view.

122. Again she returned home, the Changing Bear Maiden did. And so she tried and sought them in vain. Her search for her brothers was useless. And it so happened that, as (already) mentioned, she would bury her heart, her veins, her blood and breath right there, and would then begin to track them. The oldest one had gone toward the east, where she overtook and killed him (and) then tore him to pieces. The next in age she also tracked down toward the south. Him she also killed and tore to pieces, it was learnt. The next oldest, who had gone west, she also tracked down, killed, and tore to pieces. Again, the next in age, who had gone north, she also tracked down, killed (him), and tore him to pieces. After that she tracked down the rest, one after another, wherever they had scattered in directions between these. She killed them all and tore them to pieces.

17

The Youngest Brother

123. But the Sloppy One alone was missing, and she would return, time and again, to her home after a vain effort and search for him. "Where can my youngest brother be? Where can he have gone? What has become of him?" she said. Where is the place that she did not visit! The edges of the earth and sky, and everywhere on the surface of this earth, she searched in vain, but he was not there. Again she returned. "Where can my younger brother have gone!" she said. She entered (the hogan) from which they had departed. "Let me see," she said. "I shall defecate, and to whichever side my voidings fall, that way my younger brother must have gone. She defecated, but her voidings stood erect without falling over. "Let me see," she said, "I will urinate, and whichever way my urine flows my younger brother must have gone." She urinated. Without beginning to flow away it simply disappeared in the ground. "It is clear that my younger brother is down in here," she said.

124. At once she dug around the base of the brush shelter. Just next to this she dug around again, and next to this she dug another trench and at the fireplace. And so she had dug four, around in a circle, when she scratched stone. She scratched that stone slab mentioned before. This which, as said, was blocking the entrance to him she put aside, and there Sloppy was sitting. "Dear me, My Younger, My Youngest Brother!" she said. "Come out of there, come up this way! Lice are probably bothering you! Let me kill them for you. Perhaps you are hungry and thirsty, My Little Brother," she said. Now with her heart, her nerves, her blood, her breath hidden in the ground she was saying this, without her breath(soul). But, it seems that the Wind had come upon the Sloppy One. This Wind was placed upon him to conform to the folds of his ear, and was now to keep him informed of things. Being aware that her heart, her nerves, her blood, and her breath were in that hiding spot, Little Wind was placed upon him so that in this way (with Little Wind's help) he might survive.

[85]

125. And so, it seems, he went up to her. "My Dear Little Brother, you are probably lousy. Let me kill them for you," she said. But that Little Wind, which had been placed on him, whispered at his earfolds, so that she could not hear and he alone heard: "At that white rock pillar, under the oak tree, is the spot which she uses to hide her heart, her nerves, her blood (and) her breath in the ground. That enables her to be without life-stuff," it told him. "The exact spot is a small heap of oak leaves with a chipmunk on top of it. As a further sign, you will (see) it dancing up and down there, giving its call *ts-os, ts-os, ts-os,*" he told him. He then left (the pit) and approached her. "Your arrows and hairstring lie up above at the doorway," Little Wind told him. "She is bent on killing you now, therefore she spoke to you," Little Wind whispered to him at his earfolds. "She has killed all your brothers, now she wants to kill you also," Little Wind told him. "You must do it with all your might. Shoot down her heart which is in that hiding spot. Now sit for her, against the sunlight!" And so he sat for her against the sun(light).

126. By changing into a beautiful young maiden she did this to him, (in reverse of how) she had done to them by changing from a maiden into a bear. And so she began to brush his hair for him. He observed her shadow. Suddenly her nose slipped out, with her teeth crossed and extending out. "What are you doing?" he asked her. "Yes, what I am doing!" she said. Again she began to brush him. In the very same manner her nose again increased in length. "What are you doing, My Older Sister?" he said to her. "What I am doing? Do you not see, I am killing (lice) for you (i.e. I am grooming you)," she said. Again she combed him. Her nose again lengthened out. "What are you doing, My Older Sister?" he said to her. "What I am doing? You are lousy, see! I am combing you," she said. "My (Older) Sister, I want to get my hairstring," (he said), and started to go toward his hairstring and arrows which were lying above the entrance. These he picked up and, from that very place, he began to run away.

127. Immediately she started after him and chased him in the direction where her heart was buried. She was almost within reach, and about to overtake him, when he jumped over a wide-leaved yucca. She stopped abruptly next to this, so he gained on her. Then she went after him again. He again jumped, over a slim(leaved) yucca, next to which she stopped again so that he made another gain on her. But again she ran after him. He jumped again, over a *yé'ii* yucca, at which she checked herself and let him gain on her. He gained on her with all his might and stepped over a horned yucca, at which she checked herself. Suddenly, he saw the oak leaves moving up and down (and) that heart, those nerves, that blood and breath of hers making a

rustling sound (of leaves). Immediately he shot it, on the run. And when he had pierced her heart she spoke: "My Little Brother, what are you doing to me?" she said, and at that instant (she) fell. She fell foreward, the blood gushed from her mouth.

128. To her heart, over there where he had shot it, she called for her heart-blood: "Come this way, my heart, my veins, my blood, my breath! This way!" she said. In this manner that blood of hers began to flow toward each other. Here, at his earfolds, Little Wind said to him: "Do something! Should it flow together, she will revive! Draw marks to prevent this!" Little Wind told him. Immediately he made a zigzag line, saying *ha-ha-ha-ha* as he did so. Again, opposite to this, he made a straight line, saying *ha-ha-ha-ha*, as he again did so. Again, opposite to this he made another zigzag line saying *ha-ha-ha-ha*, and again opposite this just a straight line, saying *ha-ha-ha*, as again he drew the line. In the meantime, that blood of hers curdled, just at the mark which he had drawn. When that happened, the maiden who would change into a bear finally died.

129. Immediately he cut out her vagina. "Why is it, anyway, that this thing makes them go wild!" he said. He then threw that vagina of hers into a wide-leaved yucca. "In days to come, Earth Surface People will make use of this," he said to it. Out of it something black grew forth. From the interior of the yucca its fruit had come into being. Again, he cut out one of her breasts which he also threw away, up on a pinyon tree. Pinyon nuts appeared on it. "In days to come, Earth Surface People will make use of it," he said. The other breast he also cut out, and again threw it on a pinyon tree. Suddenly, a Porcupine was walking on the tree. "In days to come, Earth Surface People shall make use of you," he said to it. He cut off one of her arms and threw it toward the east. A Black Bear walked out from there. Again, he cut off the other arm and threw it in the direction of the south. From there a Blue Bear walked out. Again, he cut off one of her legs which he threw in the direction of west. A Yellow bear came out from there. The other leg he also cut off, and again threw it, in the direction of north. A White Bear came out from there. Her (former) intestines he scattered about. They changed into slender snakes. That colon of hers turned into a (Horned) Rattler. Her small intestines turned into an Endless (Long) Snake. Her (former) spine he again threw, east. That became a Stubby Bear, they say.

130. After that he started out in the direction eastward. "I wonder where she has killed all of those born-with-me, those brothers of mine?" With this thought in mind he started out, when he met four persons walking along there. They happened to be those who are called the Stubby Boys. "Where are your from, anyway?" they asked.

"Oh, just hereabouts. I had some brothers and was wondering what has become of them," he said. "Four nights ago your late brothers were all killed, as we positively know. Where have you been missed all this while that you ask?" he said to him. "The oldest one was killed in the east, the next in line was killed in the south," he said. "The next in line again was killed in the west, the next in line again was killed in the north," he said. "Exactly at such and such a place they were killed, I am positive," he said. In the meantime the Crystal Rock People also came to him. "Very quickly (let it be done)," it was said. From there, then, they started out with him and arrived where the one was killed on the east side. At once: "Hurry!" they said, "not one must be left at sunset (of this fourth day)!"

131. Immediately all parts of his body were gathered in one place, and an unwounded buck skin (was) spread over them. Over this they stepped, back and forth, and having done so four times he was made whole again. "Now you two, yourselves, do this quickly to him who was killed here in the south," they were told. "With this one alone we have helped you. Now you yourselves make them whole again in the same manner as we have just done it," was said. Then the one who was killed on the south side was made whole again. After having stepped four times over him he became whole again. From there they started out with him again, in the direction westward, and came to him who had been killed there. They again gathered the parts of his body, spread an unwounded buck skin over them, stepped over them four times, and he became whole again. From there they left with him and came to the one who had been killed in the north. Again they spread an unwounded buck skin over him and he was made whole again. After this they restored them all to life, (those) who had been scattered at points between (the four directions). In full number they found each other (again).

132. After that they began their return in the direction of their former home. In one day, without a night intervening, they had gathered at their home. This, it seems, they had done (so) that the present chants should originate from them. In time, too, that Coyote, that First Scolder before mentioned, was again restored to life. From beyond the skies—Spotted Thunder, Left-handed Thunder, (Spotted Wind), Left-handed Wind— all these had come upon him from there, and by these he was returned to life. He never was left killed (but), whenever he would die, he had those above restore him to life. After that he was ordered, by them, to return to First Man and First Woman. And so he began to return to them and, (no doubt), did return there.

PART ONE:
THE TROTTING COYOTE

1

Coyote and Skunk

1. Éí shį́į́ aadóó dah ńnáhodiidlį́į́'. Éí shį́į́ ńléí dził ńjoodiłidi[1] áadi ńnáánáálwod jiní (mą'ii). Áko shį́į́ aadóó dah náádoolwod lá jiní, ałníní'ą́ągo t'óó báhádzidgo honeesgaigo k'os ádingo jiní. T'áá iildlosh, ńt'éé' niiltłah jiní. Dego déé'į́į' jiní. Dooládó' honiigai, ní jiní. Hwee k'os hóle'[2] laanaa, ní jiní. T'áá áko bee k'os hazlį́į́'. Hwee n'dizhołígóó jooldlosh laanaa, ní jiní. T'áá áko yę́ę bee n'dizhołgo yildlosh jiní. T'áá doozhǫǫdígo hwee nahółtą́ą' laanaa, ní jiní. Doojǫǫdgo bee nahałtingo yildlosh jiní. Hwee hégiizhdę́ę' tó hanlts'ohígo jooldlosh laanaa, ní jiní. Áko yéeni' bihégiizhdę́ę' tó hanlts'ohígo jooldlosh laanaa, ní jiní. Áko yéeni' bihégiizhdę́ę' tó hanlts'ohígo ni' yildlosh jiní. Hwee hétsį́igo tó neel'ánígo jooldlosh laanaa, ní jiní. Bee hétsį́igo yéeni' tó neel'ą́ągo yildlosh jiní. Hagaan bik'éé'ą́ągo tó neel'ą́ągo jooldlosh laanaa, ní jiní. Áko yéeni' bigaan bik'éé'ą́ągo tó neel'ą́ągo yildlosh jiní. Hwíígháán t'éí dah sitą́ągo jooldlosh laanaa, ní jiní. Áko yéeni' bíígháán t'éí dah sitą́ągo yildlosh jiní. Hajaa' t'éí háát'i'go jooldlosh laanaa, ní jiní. Áko yéeni' bijaa' t'éí háát'i'go yildlosh jiní.

2. K'ad hoł hodó'eeł laanaa, ní jiní. T'áá áko deez'eel jiní. Dlǫ́ǫ́'tahji' hoł ch'íhó'eeł laanaa, ní jiní. Dlǫ́ǫ́'tahjį' bił ch'íhoní'éél jiní. Diz bąąh dah ńjó'eeł laanaa, ní jiní. T'áá áko yéeni' diz yąąh dah náz'éél jiní. Tó ałtso íina' lá jiní. Doo dó' naha'náágóó sitį́ jiní.

---

[1] *Dził ná'oodiłii*, it is called at present.

[2] Optative and progressive forms are used in the following with *laanaa*.

Ńt'ę́ę́' kodę́ę́' gólízhii³ dashdiilwod jiní. Tó hájoolwod lá jiní. Shoo, shił naa'ąąs, hágo kwe'é shaa ínááh, ní jiní. Áá baa jílwod jiní. Dooildinę́ęni' daaztsą́ą́ lá shididíiniił, shił naa'ąąs, ní jiní. Bił ch'íhoní'éél lá baa da'ashch'osh, shididíiniił'ní jiní. Ts'haał díį'go shiyaadi łeedíinił, ní jiní. T'áá áko tsáhaałę́ęni' díį'go biyaagi łeejíinil jiní. Baa da'ashch'osh lá shididíiniił tł'oh ts'ózí shijilchíigo sizéego ńdadíinił. Éí tł'oh ts'ózí bijilchíígóó ńdadziznil jiní. Aadóó dah nízhdiilwod jiní. Ńjílwod jiní.

3. Dooildinę́ęni' daaztsą́ą́ lá. Bił ch'íhoní'éél lá, jiní jiní. Yáadish bidiyoołhéeł, niyooch'íidgo ádíní. Áko shį́į́ haashí yee' ła' dísóo'į́į́', jiní jiní. Aadóó shį́į́ gahtso dashdiilwod jiní. Áadi jílwod jiní. Ńt'éé' yę́ę sitį́ jiní. Doo ńdídzihgóó sitį́, jiní. Aadóó ńjiiłtee'. T'óó jinéł'įį́'í ńjílwod jiní. Haashí yee' ńdółt'ééh, aadóó nizdeest'e' jiní. Áadi ná'ahizhneelchą́ą́' jiní. Ńt'éé'ę́ę sitį́ jiní. Dooda dó' ńdídzihgóó sitį́ jiní. Niná'ahizhneelchą́ą́' jiní. T'áá aaníí daaztsą́ą́ lá. Bił nihoní'éél lá, jiní jiní. Haa'í yee' táłt'é. T'áá áko náázhníjéé' jiní. Ńt'éé' yę́ę sitį́, jiní. Dooda dó' ńdídzihgóó sitį́, jiní. T'áá aaníí dooildinę́ę daaztsą́ą́ lá. Haa da'ashch'osh lá, níínáázhńjée'go. Haashí yee' dį́łt'é, hoodoo'niid jiní. T'áá áko dį́dzíst'é jiní. Ts'ídá hazhó'ó bińdoohkah, bijiní jiní. Áá náázhníjéé' jiní. Sitį́ jiní, dooda dó' ńdídzihgóó. Jó t'áá aaníí daaztsą́ą́ lá. Baa da'ach'osh lá, dajiní jiní. Aadę́ę́' nínáázhńjéé' jiní. T'áá aaníí lá héí. Dooildinę́ę daaztsą́ą́ lá, dajiní jiní. Áko lán bik'éé díníidah. Ńlááhgóó diné bił dahołni' áłah jidooleeł, hodoo'niid jiní.

4. Aadóó shį́į́ diné hane' bitast'á jiní. T'óó ahayóígo áłah azlį́į́' jiní. Naat'i'í nináhozhnílį́įji' áłah dzizlį́į́' jiní. Aadóó shį́į́ ńdiizá jiní. Baa ałk'ee nínánízá jiní. Ákohgo shį́į́ hazhnoodaa' jiní. Bińdzízt'i'go dahojitaałgo, Dló'í yázhí nánoodah, dló'í yázhí nánoodah, dajiníigo dahojitaał jiní. Ńt'éé' gólízhii ájiní jiní. Dego dasdéez'įį'go dajilzhish le', jiní jiní. Ńt'éé' shį́į́ yéíjiilizh lá jiní. Dego dasdéez'įį' yę́ę hanák'ee dahasdááz lá jiní. Ákohgo shį́į́ hááhgóóshį́į́ nikídazhdiiljool⁴ jiní. Náhidiitah jiní, mą'ii yéeni'. Tsahaałę́ęni' yiił⁵ haalwod jiní. Hááhgóóshį́į́ hata' nikidiiłhaal⁴ jiní. Ła' hadádadziswod jiní.

---

³Or, *wólízhii.*

⁴Sandoval prefers *ninídazhdiiljool nihidiihaal,* etc., while the informant and others use *nikí, niki* as prefixes.

⁵*Yiił* is more often short *yił.*

5. Áko shíí t'óó báhádzidgo nahastseed jiní. Háadi lá łeeh diidził, shił naa'aash, ní jiní. Nagháí deesk'idíjị', áajị' niist'á, adziizyị jiní. Díị'go hozdeezgeed, ákóyaa chizh ałts'ózí dizhdííłjéé' jiní. Adíík'áá'go díị'go łeeh dzíiziid jiní. Áko ńt'éé' ání jiní, Ałghadidiit'as, sił naa'aas, ní jiní, dził niłts'ílí binaa. Dooda, doo dinishjáa da. Shitah áhoołts'ísí, jiní jiní gólízhii. T'áá ałghadidiit'ash sił naa'aas, náádi'ní jiní. Dooda, shitah áhoołts'ísí, jiní jiní. Dooda, t'áá ałghadidiit'ash, shił naa'aas, ní jiní mą'ii. Dooda, doo dinishjáa da. Shitah áhoołts'ísí ní jiní gólízhii. Dooda t'áá ałghadidiit'ash. Shiba' íílwol doo, ní jiní mą'ii.

6. T'áá áko aadóó dashdiilwod jiní gólízhii. T'áá áyídígi yílk'id jiní. Ha'ąą ajoolwod jiní. Ńt'éé' kóó hahach'id áán, t'áá ákóne' ajoo'na' jiní. Ts'is diilyésii adáázhdeet'á jiní. T'áá hazhó'ó hodíína'go ńléídéé' haswod jiní mą'ii. Ko' nooyééł áyiilaa jiní. Bitsee' yííyistł'óó lá jiní. Ch'il yii' deidiłgeedgo łid dazdisi'go aadéé' yilwoł jiní. Kóó hwíighah dahiiteeh jiní. T'áadoo hwiiłtsáą da lá jiní. Bitł'ayaadi índa hajííyá jiní. Ńléí dził niłts'ílí binaadi ákii'ísaal[6] jiní mą'ii yéé. Aadóó hó t'áá' dah nízdiidzá jiní. Łeeh dzídziidéędi ńdzídzá jiní. T'áá áko ałníí'góó nashjéé'ééni' ałtso háádzis'nil jiní. Bibąąhjị' dlǫ́'í yázhí danchxǫ́'ígíí łeeh ńjoonil jiní, háájoonilę́ę. Éidí tséníi'jị' ałtso hajiishjid jiní. T'áá áadi ajilghałgo dah dzisdá jiní.

7. Ńt'éé' ńléídéé' náálwoł mą'ii yéę, háahgóóshíí naanánoot'áałgo ni'; łid dazhdisi'go náálwoł jiní. Ákohgo shíí náálwod jiní. Chaha'ohgóó yéęni' tsédeg nahalghal, łeezh ditł'éé' bijéígo yíjiihgo. Shił naa'aashéę dashą́ háádéę dashą́ ńjooltł'éłí yéę, doo dó' hozhnól'ą át'éégóó[7] ńdiishwod, ní jiní. Doo dó' t'áá nikíjizhęgígo hozhnól'ą át'éégóó ńdiishwod, ní jiní. K'adéę háádeesdził, dichin la' séłíí'. Hágoónshą' nízhdooltł'eeł, ní jiní. T'áá áko tsin néidiitą́ jiní. Dlǫ́'í yázhí yéeni' hááyí'íshiizh aadóó dah yiyiiłjíí' ńléígóó iyiyíłhan. Bąąhdóó ǫ́sghałí[8] łahjí ninááshiizh dlǫ́'í yázhí yéeni' haayínáá'íshiizh dah nááyiyíłjíí' jiní, ńléígóó anááyiyíłhan jiní. Bąąhdǫ́ǫ́ ǫ́sghałí, ní jiní. Ch'ééh na'ashiizh jiní. T'áá díí'go ch'ééh na'ashiizh jiní. Ádiní

yee', ní jiní. Dló'í yázhí yéé yóó ayiistł'iidéé ninéidiinil; yooldéél jiní.
Doo áńt'íní lizhí. Haa'ísha' adííníł. Ni lá áńt'į ni, ní jiní.

8. Aadóó shįį nikihodiiłkáá'[9] tsétsįįį'. T'áá anáá'áłkah ńt'éé, jiní.
Ákohgo shįį, Shił naa'aashįį shaa náníłtsóód, ní jiní. Íigháán
bíjoot'áanii ts'in t'éiyá bich'į' adah ajíłt'e' jiní. Hááhgóóshįį yich'į' dah
diilwod jiní. Díí shoókézíłéń,[10] jiní, hááhgóóshįį, jįįz, jįįz, yiits'a'go.
Ach'íí' bich'į' adah anáájíłjool jiní. Hááhgóóshįį yich'į' dah náádiilwod
jiní. Díí shootł'éélee,[11] ní jiní. T'áadoo yii'aałí ayíłna' jiní. Ako shįį
akágí yéeni' bich'į' adah anáájíłjool jiní. Díí shoójoołeeń,[12] jiní.
Atsii'éé bich'į' adah anáájíłne' jiní. Hááhgóóshįį yił anáánáádéél jiní.
Díí shoójįįzhííłeeń,[13]jiní. Aaji shįį yíighah asłįį' jiní. Aadóó shįį dah
ńdiilwod tsé yiiyi'í hoolyéedi bidáá'ą́ąni' yaa náálwod lá jiní. Áko shįį
t'óó yinaagóó táádíłkáá' lá jiní.

---

[9]Or *nihihodiilkáá'*. Sandoval

[10]*Shoo'ókézí łee*, Coyote talk. "My luck," it "usually drops my way."

[11]*Shoo ótł'éél łee*, refers to *tł'óół*, a cord, as the intestines are cord-like.

[12]*Shoo ójool łee*, refers to a fluffy object, the hair on the hides of the Prairie-dogs.

[13]*Shoo ójiizhí łee*, stem *jiizh* refers to crunching, or the sound of crushing bones.

2

Coyote and Deer

9. Aadóó shį́į́ dził ńjoodiłí hoolyéegi nináánálwod jiní aadóó dah náádiilwod ba'áłchíní shijéé'ígóó. Ńt'éé' bįįh biyázhí yoo'ishgo yaa íílwod lá jiní. Ha'át'íí lá niyázhí danizhóní dóó daalkizhí dóó daa lá nił'į́igo, yiłni jiní. K'ad ńléí tsék'aal[14] góne' anásh'nilgo lán, bich'é'édą́ą́'gi t'óó ahayóigo didishjahgo kǫ' bik'í dahaltaałgo ákǫ́ǫ́ dah deigaah. Áko łikizh neheleeh, bijiní jiní.

10. Aadóó shį́į́ ba'áłchíní yéeni'[15] yaa análwod lá jiní. T'áá áko tsék'aal háidínéeztą́ą́' lá jiní. Ła' yik'élwod lá jiní. Áko shį́į́ t'áá áko ba'áłchíní yéeni' ákǫ́ǫ́ dahidii'eezh lá jiní. Áadi yiní'eezh lá jiní. Tsék'aal góne' ayíínil lá jiní. Yich'é'édą́ą́'gi diidííłjéé' lá jiní, t'óó ahayóigo. Ba'áłchíní yéeni' háahgóóshį́į́ daachago naanájah jiní. Áko shį́į́ wónáásíí bił ndahasdoi lá jiní. Ałt'ąą shį́į́ kǫ'éeni' nahgóó ayiistł'ííd lá jiní. Sha'áłchíní yee' shich'į' dajoodloh la', ní jiní.

11. Aadóó shį́į́ bįįhę́ęni' yich'į' hideesdzáál jiní. Ałtíín áyiilaa lá jiní. Bik'a' dó' áyiilaa lá jiní. Áko shį́į́ haílwod (haa yílwod); haa náánálwod. Shił naa'aash t'áá hóólyą́ deenaadeeł, doo yá'áshǫ́ǫ da, hałní jiní. Dandoołkah, éí bąą t'áá hóólyą́, sił naa'ąas, ní jiní. Aadóó shį́į́ hadááh nehedzáá lá jiní. Kóoní yee' ha'áłchíní doo'ishgo haskaa' lá jiní. Aadóó shį́į́ ha'ąą' eelwod t'áadoo joo'íní. Áko shį́į́ hanák'ee

---

[14]*Tsék'aal*, a trap enclosure formed by a water shed on rocks.

[15]For referential suffix *ę́ę* the informant at times uses *ę́* and *yę́ę*, thus *ba'áłchíníę́ę* and *ba'áłchíní yę́ę*.

na'ashahgo haa náánálwod lá jiní. Daa lá yindzaa shił naa'aash,
ní jiní. Dah siskah lán. Shą́ą́' ákódanóle', nidishní. Nik'i hashtaał,
hałní jiní. Hágoónee', shił naa'aash bijiní jiní. T'áá áko dah diilwod
jiní. Áadi shį́į́ hosh łibáhí bílátahí yiyiizts'i' lá jiní. Tsá'ázi' bílátahí
t'áá ałtso yiyiizts'i' lá jiní. T'áá áadi yiyíík'ą́ą́' lá jiní. Aadę́ę́' yił
náálwod lá jiní.

12. T'áá shį́į́ áko hak'i honiitááł lá jiní. Yiyíík'anéeni' hátah yiyííką́
jiní. Ńdadińcha'í yee', ńdadińcha'í yee'. Ha'át'íí lá diní shił naa'aash.
Ńdadincha', diníí lá, bijiní jiní. Dǫǫdąń, jiní. Ńdadinchi'í yee,
ńdadinchi'í yee', dishní, ní jiní. T'áá shį́į́ áko azee'ę́ę hátah yiyiikánę́ęni
hadéidiiką́ k'aajik'ehę́ęji'. Ła'yee' hah néineesol jiní. T'áá shį́į́ áko hoł
náhoodíiniigai k'aak'ehę́ęgi aadóó dadínéeshchaad jiní. T'áadoo
hodinahí ałtso haa díníilyool hwiisxį́ jiní. Dadziztsá jiní.

13. Áko shį́į́ ba'áłchíní yéeni' yá'ąąshdę́ę́' ii'ni' łikizhii, ii'ni' ntł'aii,
niłch'i łikizhii, niłch'i ntł'aii bá hadaałt'é anábiilyaa lá jiní.

3

Beaver and Coyote

14. Aadóó shį́į́ nináánádááh ńt'éé' tó tát'áagi chaa' yaa náánáálwod lá jiní, ndashǫǫshgo bikágí ahééda'iiltsosgo, áko aháńdayíiłbįįhgo. Ákohgo shį́į́ aháhadeidiyii'níiłgo, áko t'áá dadootł'izhgo táyi' góne' dah dahidiilyeed jiní. Aadę́ę́' bikágí yéeni' ayóí danoolningo danizhónígo dah dzizghad nahalingo há hályeed jiní.

15. Áko shį́į́ bináál jiní mą'ii atsé hashké, Ńláahdi naniná[16] mą'ii átsé hashké t'áadoo nąąh hats'ídígíí da, dabijiní jiní. Hę́h! Mą'is, átsé haskę́is naazhnimą'ís haskę́is hastiin hóyánígíís doósh hozhdóne' át'ee da, ní jiní. Shíga' t'éí nihá honisą́, ní jiní. Sį'ę́ę́' nihiyį́h ní jiní. T'áadoo ádíníní héi mą'ii átsé hashké, ńláahdi naniná, bijiní jiní. T'áá shi'éé' nihiyį́h, ní jiní. T'áadoo ádíníní mą'ii átsé hashké, ńláahdi naniná, bijiní jiní. T'áá shi'éé' nihiyį́h dishní, ní jiní. T'áadoo ałtahí mą'ii. Atsé hashké ncha bá hodoonih. Ńláahdi naniná, bijiní jiní. Áko táadi azlį́í'. Dooládó' hózhǫ́ǫ́ lági nishwod, sił naa'aasǫ́ǫ́, sázǫ́. T'áadoo aniłtahí mą'ii átsé hashké ncha ach'í bá hodoonih, ńláahdi naniná, bijiní jiní.

16. Áko shį́į́ dį́į́'di azlį́í' áko. Hę́h, dǫǫládǫ́' hózhǫ́ǫ́ lági nishwod da lá. Doo dó' la' daa nízdoodza áhát'įį da. T'áá sį'ę́ę́' nihiyį́íń, jiní. Yáadi lá bee ádoolnííł. Hágo bi'éé' bihołbįįh, jiní jiní. T'áá shį́į́ áko bi'éé' yéeni' iiyi:yį́į́' jiní. T'áá áko ła' bił azhdeeshǫǫsh jiní. T'áá áko baa dzoozbá jiní, bi'éé' yéeni'. Aadóó baa dazdiiłtsogo chabiniiłtį́ jiní.

---

[16]Or written nanná.

Bichįįh dah łizhinjį' baa dazdiiłts'iihgo. Ha háa, t'áá hazhǫ'ǫ́go sił naa'aasǫ́ǫ́, sázǫ́, doo sǫhodoobéezhgo ha háa ní jiní. Hááhgóóshį́į́ cha biiłhéehgo hajoobá'ígo bikágí yéeni' baa dazdiiłt'ih jiní.

17. Áko shį́į́ é'éshdléeh, nízin shį́į́ bináał chaa' bikágí baa ńdahábįįhgo táyi' góne' dah dahidiilyeedgo. Aadę́ę́' bi'éé' dahólǫ́ǫgo há hályeedę́ęni'. Ákóshnééh, nízin mą'ii. Áko shį́į́ táyi' góne' dahiite' jiní. Aadę́ę́' t'áá dootł'izhii haa'ííłkǫ́ǫ́' jiní. Ch'ééh áát'įįd jiní. Áko shį́į́, Yáadi lá be'édoolnííł bił naa'aash bił yaa abídzǫ́łtaał. Nahach'id ą́ą́ góne' abíjíiłtáál jiní, t'áá dootł'izhiigo. Áaji shį́į́ bił naa'ash, éé' baa íníiyį́į́' lá jiní. T'áá ńt'éé' aadę́ę́' bi'éé' hólǫ́ǫgo hanásdzá jiní. Nahach'id bi'éé' baa íníiyį́į́' lá jiní. Nihináánéishgį́. Bíni' ání, dajiní jiní. Ch'ééh áát'įįd, t'óó dah diilwod.

4

Chickadee and Coyote

18. Aadóó shį́į́ náánáálwoł, ńt'éé' chíshiisháshii dine'é bináá'
yádayiiłdiłgo náánáálwoł jiní. Dooládó' hózhǫ́ǫ́ lá nishwod da, sił
naa'aasǫ́ǫ́ sázǫ́, ásiyoołę́ę́h, ní jiní. T'áadoo ádíníní, átsé hashké;
ńláahdi naniná, bijiní jiní. Dooda, t'áá áshiyoołę́ę́h, ní jiní. T'áadoo
ádíníní, mạ'ii átsé hashké; ńláahdi naniná, bijiní jiní. Dooda, t'áá
áshiyoołę́ę́h, sázǫ́, sił naa'aasó, ní jiní. T'áadoo ádíníní, mạ'ii átsé
hashké; ńláahdi naniná, bijiní jiní. T'áá ásiyoołę́ę́h, sázǫ́ ní jiní.
T'áadoo áníłtahí, mạ'ii átsé hashké. Nichaach'íí bá hodoonih. Ńláahdi
naniná, bijiní jiní. T'áá ásiyoołę́ę́h, sił naa'aasǫ́ǫ́, sázǫ́.
19. Áko shį́į́ índa, Bináá' habo'óshíísh, jiní jiní. Áko shį́į́ bináá'áani'
habíjííshiish jiní. T'áá áko ńdíshchíí' bạạhgóó yájiiyiiłhan jiní. T'áá
áadi dah názdéél jiní. Bináák'eedę́ę́' dahalzhingo sidá, jiní. Yiyaadóó
neeshjįįd jiní. Shináák'ee nańdeeł, níigo sidá jiní. Bik'ijị' dzisoł jiní.
Bináák'ee náádéél jiní. Náá'ałdó' ní jiní. Bináá' habínáájíshiish jiní.
Ch'ó deininí bilátahgóó ajiiyíiłhan. T'áá áadi dah názdéél jiní. Yiyaa
nááneeshjįįd jiní. Shináák'ee nańdeeł, ch'ééh níigo, t'áá áadi t'áadoo
bináák'ee náádéel da jiní.
20. Yáadi lá be'édoolníił jeehsáá' bináák'eełkeed, hodoo'niid jiní.
T'áá áko jeehsáá'áani' binák'ee jíiłkeed. Náá'ałdó', ch'ééh ní jiní.
Dooda, ńláahdi naniná, mạ'ii átsé hashké, t'áadoo ną́ą́h haats'ídígii
da, bijiní jiní. T'áadoo ná hodiyinígíi da. Ńláahdi naniná, yówehdi
naniná, bijiní jiní. Aadóó shį́į́ dah ńdiidzá jiní. Dził ńjoodiłí hoolyéedi
ńnáálwod jiní. Aadóó tsé yiyi'í hoolyéedi bidá'ák'ehéeni' t'óó yaa
náánéiztą́ą́' lá jiní. aadóó shį́į́ ba'ałchíní yaa ánáánáálwod jiní.

5

Porcupine and Coyote

21. Aadóó nináánáádááh jiní. Ńt'éé' dahsání yaa náánáálwod lá
jiní. Ahásht'óózh bee bighan lá jiní. Áko shį́į́ ts'íid ch'iidiníziid jiní.
Ahásht'óózh bee bighanéeni' ts'íid ch'iidiníziidéeni' yíká niinítą́
ahásht'óózhéeni' ayół'át'éí ałk'íniilgizh násdlį́į́' lá jiní. Ak'ahgo dzist'é
jiní. Tsin dóó jiní. Naaki jiní. Ą́łts'óózí yee' jiní. Łeeh jishbéézh jiní.
Ayóí'át'éí náshgǫzh násdlį́į́' lá jiní. Łeets'aałtsooí dó' biyi'jį' tsagai bee
biyi'jį' háníí' ndziztsih, hané'édił biyi'jį' nahideezhch'ą́ą́l lá jiní.
Łeets'aałtsooí yę́ę́ dináázhdííką́ jiní. Ayół'át'éí ak'ahgo ásaa' ndziziid
jiní. Mą'ii yéeni' biyaa ndziizką́ jiní. Háahgóóshį́į́ oolghal jiní.
22. Ałtso oolghaldóó ákohgo shį́į́, sik'ęs daghą́ą́' doo óóshłę́ę́ń, jiní.
Aadóó dah ńdiidzá jiní. Aadóó bikéé' dashdiiyá jiní. Dahsání shį́į́
ájít'į́ jiní. Ńt'éé' ahásht'óózh bee bighan áyiilaa lá jiní. Tsin ą́łtsóózígíí
naakigo yiyíishéé' lá jiní. Łeets'aa' dó' áyiilaa lá jiní. Tsagai dó' áyiilaa
lá jiní. Diidííłjéé' léi' yę́ę́ sidáá lá jiní.
23. Bił yah ajííyá jiní. Haa lá hoodzaa, sił naa'aas, ni jiní.
Háá'át'éédę́ę́' lá ánít'į́, hałní jiní. Dooda, t'áá ákǫ́ǫ́ naashá, bijiní jiní.
T'áá áko tsíid ch'iidiníziid mą'ii shį́į́. Ch'ééh é'édléehgo tsíid
ch'iidiníziidéeni' yikáá' diidíítą́ jiní, ahásht'oozhę́ęni'. Ńt'éé' bits'ą́ą́'
adiík'ą́ą́' jiní. Daa léit'į́. Shą́ą́' t'áá áná'ásh'įįh ni', ní jiní. Tsin
yiyíishéé'éeni' łeeh náánéshbeezh jiní. Áko shį́į́ t'óó bits'ą́ą́' anáádiík'ą́ą́'
jiní. Daa léit'éego át'į́. Shą́ą́' t'áá áná'ásh'įįh ni', ní jiní. Áko shį́į́
łeets'aa' áyiilaaą́ani' biyi'jį' tsagai áyiilaaą́ani' bee ch'ééh bíníí'
na'aztsih jiní. Dił łitsohígo nahideeshch'ą́ą́l jiní. Dinéidííką́ jiní. T'óó
bits'ą́ą́' bii' hanáádiík'ą́ą́' jiní. Daa léit'éego át'į́. Shą́ą́', t'áá áná'ásh'įįh
ńt'éé', ní jiní. Ákohgo shį́į́ ch'ééh áát'įįd. T'áadoo diné yéé'iidlaad
da jiní.

6

Rabbit and Coyote

24. Aadóó shį́į́ dah náádiidzá jiní. Ńt'éé' biyaadóó gałbáhí halwod jiní. T'áadoo hodina'í yélwod jiní. Yił deezdeel jiní. Shó, shó, shó, shił naa'aash. Átsé ahił nahodiilnih, ní jiní, gahí éí ání jiní. Dooda, sits'ą́ didíílwoł, ní jiní mą'ii. Nitł'ehdóó sédáago ahił nahodiilnih, ní jiní. Hágóonee', ní jiní mą'ii. Ha'át'íí shį́į́ bee shił hólne', ní jiní mą'ii ání jiní.

25. Denaadeeł bik'a' háá'át'éédóó lá hahadił, shił naa'aash, jiní jiní gah. Ńt'éé' mą'ii ání jiní. Bizéé'dóó hahadił, mą'ii ání jiní. Gah ánáádí'ní jiní, Dooda, biganághaahdóó hahadił, gah ání jiní. Dooda, t'áá bizéé'dóó hahadił, ní jiní. Dooda, shił naa'aashíi yee'. T'áá íiyisí shił bééhózin shináyooléélgo, áko biganághaahdóó hahadił, ní jiní. T'áá biłgo yáájiiltáál jiní, biwos kó'ąą. Hááhgóóshį́į́ t'áá ádzaagóó ch'ééchid jiní. Aadóó hach'į' nínáádiilwod jiní. T'áá hwéelyeedgo tsá'ászi' bizid hak'iji' yiztał lá jiní. Gah shį́į́ át'į́ jiní, t'áá t'áá hodeelyaago ájít'į́ jiní. Háahgóóshį́į́ tsá'ászi' bidzidéeni' yił íímááz jiní, mą'ii át'į́ jiní. Áko shį́į́ ńléígóó náájoolwol jiní. Aadóó ts'ídá t'áá ínoowółí bee a'ą́ąji' nízhdiilwod jiní. Bidáagi t'áá íiyisí t'áá hwélwodgo a'ą́ą joolwod jiní.

26. Áko shį́į́ ch'ídinoolwodgo adah dahiitee' lá jiní. Ńléí bitsį́įdi t'áá nikéswod jiní. Hę́', dooládó'[17] hó hwééhoodzaa da, ní jiní. Áádóó shį́į́ ákódeg hanáásdzá jiní, gah a'ą́ąlwodę́ęgi. A'ą́ą góne' déez'į́į́' ńt'ę́ę́' t'áá ayídígi hatł'eeyaagaii dah łigai jiní. Níídéesogah, ní jiní. Ńt'éé'

17Or the sound is softer: *yówéh hoodzaa da* and *wówéh hoodzaa da*.

gah ání jiní, Ha'át'íísh bee, ní jiní. Jó tsisdiilyésii, ní jiní ma'ii. Éí sho'ooyaałee. Gad lán. Éí shoo'ooyałee. Chá'ooł lán. Éí sho'ooyałee, jiní jiní gah. Ts'aa' lán. Éí sho'ooyałee, jiní jiní gah. Jeeh lán bee níídésoni', ní jiní ma'ii. Aai índa lá dasétsáá lá, jiní jiní gah.

27. Aadóó shíí jeeh háidinéestáá' jiní. Jeeh niiníyí jiní t'óó ahayóigo. Áko shíí hach'éédáá'gi tsists'ósí yił didííłjéé' lá jiní. Háahgóóshíí łidééni' a'áá góne' hoł eegiz jiní. Háahgóóshíí yisoł jiní. Doo sohodéébéezh da, shił naa'aash, aháníji' nisoł shi'niitsáagi át'é, jiní jiní gah. Áko shíí jeehééni' diiltłaahgo bik'iji' dziztał jiní. Háahgóóshíí biniiji' bik'ésdááz jiní. Shí yee' shinii' ch'ítł'ishłee, ní jiní ma'ii ání jiní. Binii'éeni' ałtso yik'ii yiit'óód jiní. Haláhánee', ní jiní, ma'ii ání jiní. Ma'ii t'óó ńda'achihgi át'íí lá jiní.

7

Gray Lizard and Coyote

28. Aadóó shį́į́ dah náádiidzá na'ashǫ'iiłbáii dine'é yaa náánálwod lá jiní. Tsé át'á'í náhineesne'go názbąsgo nizhónígo asht'eelyaago adah góyah ádił ńdeidiiłbąs lá jiní. Aadę́ę́ átsé hashké iilwoł hodoo'niid jiní. Haalá hoodzaa, dooládó' hózhǫ́ǫ́ lági nishwod da, ní jiní. Shił naa'ąsǫ́ǫ́ są́ązǫ́, ha'át'íí yee' baa naahkai, ní jiní, tsé'át'á'í ádił ńdeidiiłbąsgo yaa naakai yéeni'. Áshiiyoołééh, ní jiní. Dooda, t'áadoo ádíníní, mą'ii átsé hashké. Ákóh ńláahdi naniná, bijiní jiní. Dooda t'áá áshiiyoołééh, shił naa'ąsǫ́ǫ́ są́ązǫ́, ní jiní.

29. Ako shį́į́ tsé át'á'í yéeni' bá nízdiitsih bá bik'ízhdeejéé' jiní. Áají' dah hiitee' jiní. Dį́į́'di bik'ijį' dzisoł jiní. Háahgóóshį́į́ yéshjah jiní. Aadóó shį́į́ adaháą́ góyah bił dzideesbą́ą́z jiní. Ńléí bitse'éeni' nditasgo halgaijį' bił ch'élwod jiní. Áadi adah dah diilwod jiní. Aadę́ę́ tsé át'á'í yę́ę hanéiz'á jiní. Ná'áłdó' ni, jiní. Dooda t'áadoo ádíníní, mą'ii átsé hashké, ńláahdi naniná, bijiní jiní. Dooda t'áá náshiyoodlééh. T'áadoo bá ńdaat'íní bíni' áltahí, dabijiní jiní. Tsé át'á'í yéeni' ła' néiniisne' jiní, názbąsgo áyiilaa jiní. Ch'ééh yik'izh dah ńdiilwo' jiní. Ch'ééh áyííł'įįd jiní. T'áadoo bá ádzaa da. Aadóó dah nínáádiilwod.

[103]

8

Porcupine, Elk, and Coyote

30. Tooh tát'áahgi náánáádááł'ńt'éé' iiłhaazh lá jiní. Ákohgo shį́į́ wónaaníjí dah sání tábąąhgóó njigháá lá jiní. Ńt'éé' dzééh haa níyáá lá jiní. Shádí yéę̨[18] há'naa nishíníłjiid. Ńléí wónaaníjį' k'ad bidáahjį' shi'niitsą́. Áájí ák'inizdoodza laanaa, jiní jiní, dah sání dséhę́ę̨ ábijiní jiní. Hágoónee', shííghą́ą̨gi dah ńdaah, dzééh ání jiní. Dooda, shił ádidíígałgo łaah deeshgo', jiní jiní. Hágoón shideegiizhgi dah ńdaah, shidee' yíńtą'go. Dooda, shił adadíígał taah deeshgo', jiní jiní, dah sání ájiní jiní. Há'át'éegish dó' dah díníidaałgo ádíní, hałní jiní. Njilchíí' góne' ádeesháál nizée'jį' háádeesháál, jiní jiní. Dooda nits'oo' díníisahi iih bee shidiiyíłhéełgo ádíníí lá, jiní jiní dzééh. Giénee', njilchíí' góne' iisháah, jiní jiní dah sání. Dzééhéeni' bijilchíí' góne' ajííyá jiní. Ńléí bizée'jį' hajííyá jiní. Jó akon shił há'naa nííníyáago ákódeeshnííł, jiní jiní dah sání.

31. T'áá shį́į́ áko ajiłchíí' góne' anáánáádzá jiní. Aadóó shį́į́ hoł taahííyá jiní. Ńléí wónaaníjį' tó ndinítą́ą̨jį' áadi, K'ad, hałní jiní. Haa'íshą' nikídiiltał, jiní jiní, dah sání ání jiní. Nikizdeestał jiní. Ńt'éé' tó diists'ą́ą̨' jiní. T'áá yówehégi,[19] jiní jiní. Áádóó shį́į́ hoł dah náádiidzá jiní. K'ad, náádí'ní jiní. Haa'ish nikídiiltał, náázhdí'ní jiní dah sání. Nikináázdeestał, ńt'éé' tó náádiists'ą́ą̨' jiní. T'áá yówehígi, náázhdí'ní jiní. K'ad, jiní jiní, dzééh náázhdí'ní jiní. Nikináázdeestał jiní, ńt'éé' tó náázdiists'ą́ą̨' jiní. T'áá yówehígi, jiní jiní, índa hoł tsíts'áayáá lá jiní. K'ad, jiní jiní dzééh. Haa'íshą' nikináádiiltał, jiní jiní, dah sání ájiní jiní. Nikináázdeestał, ńt'éé' dil, dil, yiists'ą́ą̨' jiní. T'áadoo tó diists'ą́ą̨ da jiní. Ákohgo shį́į́ hats'oo' yéeni' jidiniishee' lá, hajéí yéeni' baa adaaskai lá jiní. Dzééhéeni' ńdíniigo' jiní. Wónáásdóó

[18]Sandoval suggests *shádí* for *shádí yéę̨*, extra length on high tone equivalent to please, pleading.

[19]Sandoval prefers *yówehígi*.

na'adzíiłhaal jiní. Daastsá jiní, dzééhéę daastsáągo índa bizée'jį' háádzízdzá jiní.

32. Ákohgo shíį aadóó dashdiiyá jiní dahsání dzééh dzisxíį'go. Áko shíį mạ'ii t'áá áyídígo ałhoshgo bik'ijigo dashdiiyáá lá jiní. Bee ndínósh'ahí hádínóshtaah aa'[20] jiní jiní. Ńt'éé' kodóó mạ'ii náhidiitah jiní. Hẹ́', ha'át'íí yee' diní shił naa'aash, ní jiní. Dooda shił naa'aash bee k'íįdoshjéhí[21] dishníi yee', jiní jiní, dah sání jiní jiní. Dooda, bee ńdínósh'ahí diníi yee', jiní jiní mạ'ii. Dooda yéé', shił naa'aash kóníi yee' ayóí át'é dzééh séłhį́, jiní jiní dah sání. Háadi, ní jiní. Kǫ́ǫ́ lán. Haa'í tị'. Áadi bił jíní'áázh jiní. Ayói da'át'é[22] dzééh diní'ááh[23] jiní.

33. Áko shíį t'áá áko nahodeez'á jiní. Shił naa'aash t'áá yitis dah dilwodígíi t'áá át'é bee bóhólníih doo, ní jiní mạ'ii. Dooda, shí shitah áhoołts'ísí[24] jiní jiní dah sání. Dooda t'áá yitis dah diilwodígíí bee bóhólníih doo, ní jiní. T'áá, áko Dooda, ndishní átsé hashké. Jó shí séłhį́, bijiní jiní. Dooda, shił naa'aash, t'áá yitis dah diilwodígíí bee bóhólníih doo, jó ndishní. T'áadoo diníní héé, mạ'ii, jó shí iiyéłhį́. Shí bee shóhólníih, jiní jiní. Dooda, shił naa'aash, t'áá yitis dah diilwodígíí bee bóhólníih doo, jó ndishní, ní jiní mạ'ii. Aajį' shíį díį'di azlį́į'. Hágoónee', bijiní jiní.

34. Ni átsé, hałní jiní dah sání áhodi'ní. Aadóó shíį bich'į' nízhdiilwod jiní. Bitis yajiiltaałéeni' t'áá bitsánii'didóó bạạh náádzíímááz jiní. Áko shíį mạ'ii yéeni' yich'į' náádiilwod jiní. Háahgóóshíį yitis yanááltáál jiní. Áko lá jit'įłee[25] yitis dah diilwodgo ání jiní. Áádóó shíį i'nił'ah jiní. Ałtso ná'ás'ah jiní. Dah sání t'óó abid dadziigis jiní tóógóó ałnáájíjihgo, t'áá áyídí jiłchozh jiní. T'áágééd nináájiidááh jiní. Táłtł'ááh dine'é sits'áá' dayíiłchozh, jiníigo nináájiidááh jiní. Haa'íshạ' niwók'iz na'astsih, hałní jiní, mạ'ii áháłní jiní, dah sání shíį hodi'ní[26] jiní. Ńt'éé' hawók'izdéę' abidéeni' haa yí'íłtsih jiní. Ndiyeeshéeł ga', ní jiní.

[20]*Hádínóshtaa aa.* The added *aa* stands for "nothing else to do but."

[21]*Bee k'íį dóshjéhí,* a hunting term not familiar to Sandoval. He suggests "to hunt along with it," perhaps "with arrows." *K'íį'* is at times used to denote arrows.

[22]*Ayói da'át'é,* it was a great big. The *da* seems to add a degree of greatness.

[23]Lay there in a heap. Curly uses *diní'á.*

[24]Recorded *shitah hoołts'ísí.* Corrected *shitah áhoołts'ísí.*

[25]Corrected *kó lá jít'įį łeh,* this way, instead of *áko lá jít'įį łeh,* in that way.

[26]Better *áhódi'ní.* Sandoval

35. Aadóó ha'ąą' ahóódzį́įz jiní. Áadi hwiisxį́ jiní. Áádę́ę́' nádzá jiní. T'áá bikéé' ńjílwod jiní. Náádiidzáó, bijiní jiní. Náhwiisxį́ jiní. Hóótseed jiní. Hááhgóóshį́į́ hats'ą́ą́' náádiilwod jiní.[27] Náádiidzáó, bijiní jiní. Haa nínáánálwod jiní. Nááhwiisxį́ jiní. Hááhgóóshį́į́ łeezh bił hóók'ąh jiní, da'nı́łt'sąą'gi tahoozghaz jiní. Hats'ą́ą́' dah nínáádiilwod jiní. Náádiidzáóó, náábizhdi'ní jiní. T'áadoo t'ą́ą́' ńdést'į́į́'í eelwod jiní. Sha'áłchíní yee' há ńdósdza', ní jiní.

36. Áadi shį́į́ anáálwodgo mą'ii yę́ę atsį' baa ńdzídzá jiní. T'áá áko ńdíshchíí' bąąh ałtso hadziisyį́ jiní. Áadi ajilghałgo dah dzizdá jiní, ńdíshchíí' bilátahdi. Ńt'éé' ńléídę́ę́' ba'áłchíní yoo'ish jiní, nahachagii yich'į' dah ńdadiilwo'go. Ntoo, sha'áłchíní, bąą doo dadoołghał da, ní jiní. Atsį' sinilę́ę́gi áłchíní néiní'eezh. Ńt'éé' atsį'ę́ę ádiní yee'.

37. Aadóó nikihodiłkáá' jiní. Ńdíshchíí' biyaajį' t'áá anáháłka ńt'éé' jiní. Ts'in ła' bich'į' adah ajíı́łt'e' jiní. Dooládó ayói ánt'ee da lá, dah sání shił naa'aash, shaa nánı́łtsóodee', ní jiní. Akágí éí t'áá áadi siyį́ jiní. Hágoónee' éidí akágí shiyaagi bee noohjeeh, bijiní jiní. T'áá áko hayaagi yee neeshjéé' jiní. Ííghánéeni' bik'ijį' adah ajíı́łhan jiní. Biye' lók'ishchąą'í nilíneeni' akágí bighágizhdę́ę́' déez'į́į' lá jiní. Áko shį́į́ kodę́ę́' íígháikosgo yiyiı́łtsą́ą́ lá jiní. Kodę́ę́' shíí iikos, dííniidgo nahjį' haalwod lá jiní. Íígháąnéeni' bił łeeh dzíı́łhaal lá jiní. Mą'ii yéeni' neeznáá lá jiní.

38. Ákohgo shį́į́ lók'ishchąą'í yę́ę t'éí yidziih lá jiní. Éidí hajishjid jiní, ńdíshchíí' bílátahjį'. Áadi alok'ee' bizajiiníı́łgo bee níbizhniiłchaad jiní. Ńt'éé' háadi lá ńdajichį', ní jiní. Akwée lán, éí ńdíshchíí' bigaan deez'áhígi. Ákwe'é ńdajichį', bijiní jiní. Da' kwe'é, ní jiní. Yóweh, bijiní jiní. Áadi dah neezdá jiní. Da' kwe'é ni, jiní. Aoo', bijiní jiní.

39. T'áá áko ńdíshchíí'éeni' bił dzizghad jiní. Adaháą góyah dahijį́į́' jiní. Hááhgóóshį́į́ diitaa' lá jiní, ńléí wóyahdi. Áko shį́į́ t'áá ałtso jíígháá' jiní. Áádóó shį́į́ bits'ą́ą́' dah ńdziidzá jiní. Yá'ąąshdę́ę́' ii'ni' łikizhii, ii'ni' ntł'aii, nı́łch'i łikizhii, nı́łch'i ntł'aii bik'i náhoodlį́įd lá jiní. Hadaałt'e' áńdabidiilyaa lá jiní. Kodóó shį́į́ dah nínéidii'eezh jiní. Aajį' baa nááháne', mą'ii. K'adí, kodóó átsé hastiin átsé asdzą́ yich'į' dah náádiidzá (or dah náhodiidlį́įd).

27Change this line to read *aadóó shį́į́ hats'ą́ą́' dah nínáádiilwod jin* (Sandoval). The informant seems to lose the trend of the story or to hurry over minor details. He omits that Coyote pulls Porcupine over the ridge again and then kills him. Before Coyote reaches meat, Porcupine yells that he is alive again. So, Coyote returns and kills him again, then grinds him up.

PART TWO:
RAISED BY THE OWL

9

Coyote Died

40. Tsé yiyi'í ákwe'é ni' tát'ah k'éédídlééh jiní nashjahii[1] łigaigo k'éédídlééh jiní. Nashjahii dootł'izhgo k'éédídlééh jiní. Nashjahii łitsogo k'éédídlééh jiní. Nashjahii diłhiłgo k'éédídlééh jiní, áyóí át'éego yaa anchį'go doo sohodoobéézhígo. Naghái tsé bit'áhí ákwe'é shįį ba'ałchíní t'óó yaa ńnáhályeed jiní. Bitsi' hóló jiní, ayóí nǫoshóní jiní, biye' dó', be'asdzáá dó' hóló mą'ii átsé hashké. Áko shįį díjilt'éego njideeł jiní.

41. Ńléí ch'ool'įį' biyaagi na'ashǫ'ii dich'ízhii k'izhdíílá lá jiní. Mą'ii bidą'áani' hadáá' ts'ídá bił aheełt'éé lá jiní. Ákohgo shįį nazneest'á jiní, na'ashǫ'ii dich'ízhii. Ńt'éé' mą'ii haílwod jiní. Ha'át'íí lá bíká shidą'áani' shee níní'įį lá, hałní jiní. Éí t'áá shí shidąą' át'é, jiní jiní, na'ashǫ'ii dich'ízhii shįį ání jiní. Andeeshnah, ní jiní mą'ii ání jiní. Áko ahółna', na'ashǫ'ii dich'ízhii ahółna' jiní. Hadą'áani' yinááágááł jiní. Yóweh, díí shí shidąą', ní jiní. Ákohgo yéę sitį jiní. Haghanéę biyi'ii sitą jiní. Áko shįį bitsá dzistį jiní. Sh-d, bijiní jiní kodéę' bitsą́ą́déę' bich'į' hadzoodzíí' jiní. Hááhgóóshįį náhidiitah jiní. Ch'élwod jiní. Ch'ééh ha'ísid jiní. Yáadi lá ání, ní jiní. Yah anádzá jiní. Nááneestį jiní. Sh-d, náábizhdi'ní jiní. Nnáhidiitah jiní. Ch'ínnáá-nálwod jiní. Ch'ééh náádéet'įį' jiní. Yah anáánádzá jiní. Nnááneestį jiní. Ha'át'íí lá ádíníí lá, ní jiní. Sh-d, náádí'ní jiní. Dah náánéilte' jiní. Ch'ééh hanáá'ísid jiní. Yah anáánádzá jiní. Ha'át'íí lá ádíníí lá, ní jiní. Hádáą'sh dó' ch'įįdii bighan bii' dzisdáan dó', ní jiní. Hooghan łahgo

[1]*Nashjahii*, a small kernel, perhaps Dwarf Corn.

ńnádeesh'ááł, ní jiní. Ńt'éé' shį́į́ Sh-d náábizhdi'ní jiní tséde sitį́įgo.
Ákohgo shį́į́ haa nánoolne' jiní. Ch'ééh nahgóó naneesne' jiní.

42. Ákohgo shį́į́ díigi'át'éego nanesne'. Ńt'éé' shį́į́ t'áá bitsą́ąjį' yił
ííghał jiní. T'óó ahodiizee' jiní. Dííshą' dootł'izhgo ńt'i'ígíí ha'át'íí át'é,
bijiní jiní. Shijilchíí lá át'é, ní jiní. Díí éí ha'át'íí dootł'izhgo naaki
ahą́ąh siniłígíí. Jó shichą́ąk'azhí át'é, ńjiń. Dííshą' ha'át'íí t'áadoo bee
ńłtsooígóó siyį́, bijiní jiní. Jó shibid át'é ńjin. Dííshą' ha'át'íí kóníłdíilgo
diní'á, bijiní jiní. Jó shich'íídííl át'é, ńjin. Dííshą' éí naaki ahą́ąh
ńt'i'ígíísh ha'át'íí át'é, bijiní jiní. Jó sizági sizoł bił ahą́ąh ńt'i' ní jiní.
Díí dootł'izhgo naneesdizígíí éí ha'át'íí át'é, bijiní jiní. Jó shich'íí'
dootł'izhí át'é, ní jiní. Dííshą' éí dijoolgo si'ánígíí ha'át'íí át'é, bijiní jiní.
Hóla, ńjiní.

43. Áko lán ha'át'íí át'é ndishní, bijiní jiní. Jó shijéí dishjool át'é,
ní jiní. Áko lán, k'ad nts'ą́ą́' k'íníshgéésh, bijiní jiní. Dooda, ńjiní.
Nił ga' yóó adeeshwoł, ní jiní. T'áá lá k'ínishgéésh ni', bijiní jiní.
Dooda, nił adah ch'ídeeshwoł, ní jiní. T'áá lá k'ínishgéésh ni'.[2] Dooda,
nił taah deeshwoł,[3] ní jiní. T'áá áko bijéí díshjoolę́ęni' k'ízhnígizh jiní.
Aadóó dah dahiiteeh jiní. Ńléí tł'óodi nízaadi naa'adzíłhaal jiní.
Bijiilchíí'jí hádzoodzá jiní, na'ashǫ'i dich'ízhii ájít'į́ jiní. Aadóó bits'ą́ą́'
ńjiilteeh jiní, da'astsą́ągo. Ákohgo shį́į́ yá'ą́ąshdę́ę́' hadaałt'é ánináá-
bidiilyaa lá jiní. Ii'ni' łikizhii, ii'ni' ntł'aii, níłch'i łikizhii, níłch'i
ntł'aii hadaałt'é ánnáádabidlaa lá jiní.

44. Aadóó shį́į́ néiltee' ba'áłchíní yę́ę yaa nálwod jiní. Shitah doo
haats'íid da, ní jiní. Hádą́ąs[4] dó' diné dahodzoołáan dó' hak'ee
dadiniih ndó' hatah yá'áhoot'ę́ę́h, ní jiní. Aadóó shį́į́ doo iiyą́ągo
hodideeshzhiizh jiní. Wónáasii doo naagháa da silį́į' jiní. Wónáásdóó
doo ńdii'néeh da silį́į' jiní. Wónáasii ádaiyáłti' jiní. Áyą́ądą́ą́' hazhó'ó
ndajikai łeh sha'áłchíní. T'áadoo ádeeznízinígóó[5] ndajikai łeh
sha'áłchíní, ní jiní. T'áadoo dajichahí[6] ndajikai łeh. Ha'át'éegosh dó'
dooleeł t'áá shį́į́ ákon, ní jiní. Shíísh t'éí sizéé' hodooleeł, ní jiní.

---

[2]Imperfect form: I am not actually cutting, but I am going to do so. The final
ni' is equivalent to *that's settled.*

[3]The future form "I will run."

[4]Imitating Coyote by nasalizing vowels and by shifting consonants.

[5]"3a Pl. Impf." of *íinisin.*

[6]Throughout the speech, the "3a" form is used, because "direct -" or "3DPl"
forms would not be proper.

Áyąądą́ą́' ts'ídá t'áá shígi át'éii názhdiłtééh, ní jiní. T'áá shígi ánoolninii t'áá shinoolninii náshdóitso yee k'aayééł yoogéłí názhdiiłtééh, ní jiní. T'áá awołí bee béédaałniih díí nihidishnínígíí ts'ídá bidajił'į.[7] Sį'į́[8] háájísį́ doo họọt'įį́góó nihits'ą́ą́' yiisłeeh. Néideestséełgoósh ásht'į́ ńjiní. T'óó t'áá aaníí áshił'į́ nahalin. Ch'ééh daa doo ádooshlą́ą́góó shideg áhooniił. K'ad doo sohodésh'įįh da. Éí bąą ánihidishní, sha'áłchíní. Ha'át'íísh dó' bee nihich'į' hanáádeesdzih. T'áádoo dajichahí ndajikai łeh, ní jiní, Sha'áłchíní, hazhó'ó ha'áłchíní nji'eesh łeh asdzą́ą́, ní jiní. Tsin bąąh[9] ni'í shá dah dookáął, éidí bikáá' dashidoołtééł, íishją́ą́' wódahdę́ę́' ch'osh nandééh silį́į'go. Áko íishją́ą́ sizéé' hazlį́į'go, áko ákódoonííł, ní jiní. Áko biihozhdinił, áko shił adidook'ą́ął, ní jiní.

45. Áko shį́į́ tsin bąąh ni'í bąąh dadziská jiní. Áko shį́į́ áidí bikáá' hadadzisti' jiní. Áá dah dadzistį́ jiní. Áko shį́į́ bits'ą́ą́' ńjikai jiní, t'óó áaji' ńdazhdít'į́ jiní. Díí' yiską́ągo ńt'éé' ch'osh nandééh jiní. Bizéé' hazlį́í' ga' lá, jidííniid jiní. Íishją́ą́ ákódoonííł níini, jiní jiní. Dajicha áko jiní. T'áá ga' aaníí áníí lá, nihizhé'e yéeni', dajiníigo dajicha jiní, t'áá ádzíłtso. Shił bohozhdinił níini', shił adidook'ą́ął níini', Biihodoohnííł sha'áłchíní, jiní jiní. Áádóó shį́į́ t'áá áko kọ' dashdiłt'á jiní. Áadi biihozhdíínił jiní. Áko shį́į́ aadę́ę́' dah nízhdiikai jiní. Ákohgo shį́į́ diiltłá, háahgóóshį́į́ łid háájiyá jiní. Biye'ę́ęni' t'ą́ą́' ńdéét'įį lá, ńt'éé', Shimá, shizhé'é la' t'óó ádah hadiilwod nahalin, ní jiní. Doo ájíníi da, shiyáázh. Nizhé'é yę́ę daaztsą́, bijiní jiní. Hayáázh ábijiní jiní.

46. Áko shį́į́ aadóó shį́į́ t'áá ákọ́ọ́ njikai jiní. Hajoobáago t'áá ałtsoń bik'ee njikai jiní. Áko shį́į́ mạ'ii yę́ęji hats'ą́ą́jigo łid yiyi' ádahadiilwod lá jiní. Áájí shį́į́ ałdó' hajoobáago naagháá lá jiní. T'áá ákót'éego díí' náahai lá jiní. Áko shį́į́ díí' náahaigo diné léi' t'áá ńt'éé' haa níyá jiní. Ts'ídá ga' hastiinéeni'gi anoolnin léi' jiní, haa níyá, jiní. Há'át'éédę́ę́' lá wohkah,[10]ní jiní. Kóoní yee' t'áá hoodzaago neiikai, bijiní jiní. Hastiin ńt'éé' nanihi'eesh ńt'éé', nihits'ą́ą́' bizéé' hazlį́į'go t'áá bitahígo neiikai,

---

[7]*Bidajił'į*, the "3a" form here is injunctive.

[8]Instead of *shi éi*. Sound shifts and nasalization are used to imitate Coyote.

[9]*Ni'í*, the place on the tree where the corpse was placed, takes stem *kááł*, put me on a stretcher-like thing. Corn-racks for drying purposes are now called *ni'í*. Sandoval

[10]*Ha'át'éédę́ę́' lá*. This informant does not always nasalize *dę́ę́'*.

bijiní jiní. Áigí, díí lá ayói át'éé lá, níjiní. Ha'át'íidasha̧' jidííniid, ní jiní. Hojííyą́ą́ łeh ni'[11] ní jiní. Doo ádííniid da (sha'shin),[12] ní jiní. Ha'át'íísh jiníi dooleeł. Doó jiníní da, doo hadzoodzíí' da, dabijiní jiní. Nisha̧', éí há'át'éédę́ę' áńt'į, dabijiní jiní. Kóoní yee' t'áá ádzaagóó t'áá shee e'e'áhígóó náshiiłkah. Bįįh bitł'aahk'id bist'e' lá jiní. Ákohgo shį́į hańłtsood jiní. Háahgóóshį́į baa ahééh hóóghą́ą' jiní. Ahéhee' dabjiní jiní. Hó ałdó' ts'aałbái bist'e' baa ádajiilaa jiní bo dah ńdiidzá jiní.

47. Há'át'éédę́ę' lá diné nihaa níyá sha'áłchíní, ts'ídá la' t'áá ákónáánáát'é léí' nihaa níyá, sha'áłchíní, jiní jiní, asdzą́ą́ jíłíinii. Aadóó díí' iiskáágo haa náánádzá jiní. Bįįh bitsį' bist'e'go haa náánádzá jiní. Ts'ídá ha'át'íí jidííniid, ní jiní. Hojíyą́ą́łeni' t'áá hadzoodzíí' sha'shin, náádí'ní jiní. Doó jiníní ni da, t'áadoo ájínínígo hazéé' hazlį́į' nihits'áą́', jiní jiní asdzą́ą́ jíłíinii. Áko shį́į hats'áą́' dah ánáádiidzá jiní. Díí' iiskáágo haa ánáánádzá jiní. Bįįh bitsį' bist'e'go haa náánádzá jiní. Hanááńłtsood jiní. Ts'ídá ha'át'íí jidííniid hojííyą́ą́łeeni' t'áá hadzoodzíí' sha'shin, ní jiní.

48. T'áá la' hadzoodzíí' ni', bijiní jiní. Áyą̲ądą́ą́ ts'ídá t'áá sheełt'éii naha'eesh łeh nihijiní lá, bijiní jiní. Áko lá át'é dishnín, ní jiní. Náshdóítsoh yee k'aayééł neigééh, éidí bił nízhdit'ash, sitsí, jiníí lá, hatsi' ábijiníigo atínihijiilaa, bijiní jiní. Áko bist'e' ts'aałbái lees'áán biłgo bist'e' bá ánáádajiidlaa jiní. Hats'ą́ą́' ańnáánádzá jiní. Áko shį́į, Ha'át'éego lá diné ánihił'į, shich'é'é. T'óó la' jooba' nahalin nizhé'é yę́ę la' ts'ídá t'áá shígi át'éii t'áá shígi ánoolninii bił nízhdiit'ash niłníí la' ni', shich'é'é, hojiní jiní. Nihaa náánádzáago bił yah adíínááł nanihi'eesh doo, hojiní jiní. Doo yáłti' da jiní. Ha'át'éegosha̧' doo yáńłti' da, shich'é'é. Shą́ą́', nizhé'é yę́ę yee nich'į' haadzíí'. Éí doo bééjíłniih da doo, bijiní jiní. Haa'ísh dó' diné sidá. K'ad náánádzáago shį́į bééhodoozįįł, shimá, ní jiní.

49. Díí' iiskáágo hanáánádzá jiní. Ákohgo shį́į bįįh bitsį' hanááńłtsood jiní. Ákohgo shį́į, Ha'át'éego dooleeł lá ch'ídeeshááł daats'í shí'ní jiní asdzą́ą́. Ch'ízhníyá jiní. Áadi hach'é'é hakéé' ch'íníyá jiní. Ił nániłt'ih hodiní, bijiní jiní hach'é'é. Áką́ó yah anádzá jiní. Ił nániłt'ih ńláahji', níi ga' niłní shimá, ní jiní. Nanihiji'eesh doo, niłní shimá, ní jiní. Áko shį́į, Ha'át'íí hayói lá, ní jiní. T'áá hajoobáago

---

[11]*Hojííyą́ą́ łeh ni'*, again he uses "3a" forms in courtesy to the woman. She, too, responds in like forms.

[12]Omit this—suggestion by Sandoval. *Sha'shin* would imply that she was not present at his death.

naasháa ndi shimá ná'ookąąh lá, t'áá shį́į́ ił ńdeesht'ih, ní jiní. T'áá áko niłéeni' dahidii'á jiní. Éí shį́į́ áadi yee ił nést'i' lá jiníigo l'íí'ą́ago áadi bił yah ajííyá jiní. Ákohgo shį́į́ hazhé'é yéeni' haa naayá jiní, tł'ée'go. Aadóó shį́į́ nikihodii'eezh lá jiní. Ákohgo shį́į́ doo joo'íinii silį́į́', bits'ąą nazhnt'in jiní asdzą́ą́ jíłíinii. Áko shíí niha'eeshí yee' jiní. Ńt'éé' shį́į́ bitsi'éeni' bá i'niiltsą́ą́ lá jiní. Wónáásdóó shį́į́ bibid hááyáá lá jiní. Wónáásdóó k'ad i'niilchį́ jiní.

50. Ákohgo shį́į́ bits'iiyahgi sę́ę́s ni' jiní. Hazhé'é ákót'éen jiní. Ákohgo shį́į́ bá izhniishohii bits'iiyahjį' hozhdich'i'ii bits'ą́ą́jígo, Kwe'é yaa' shishhash níi łeh, jiní. Ha'át'éego lá ání dziniizį́į́' jiní. Kójí yaa' shishhash ch'ééh níigo ákóne' ahojíichid jiní, ńt'éé' bits'iiyahgi sę́ę́s jiní. Ha'át'éego lá át'é, dziniizį́į́' jiní. T'áá la' áiyisí t'óó la' t'áá shizhé'é yę́ę́ni' át'į́ nahalin, dzinízin jiní. Áko shį́į́ ts'ídá t'áá hadzisíidgo díį' yiską́ jiní, doo baa hojilnihgóó. T'áá íiyisí t'áá éí át'į́, dzinízin jiní. Áko shį́į́ índa hamá bee bił hojoolni' jiní. Shimá, T'óó ga'[13] shizhé'ę́ęni' át'į́ nahalin shimá, bijiní jiní hamá. Doo ájínii da, nizhé'é yę́ę daaztsą́, bijiní jiní hach'é'é. Dooda, shimá t'áá shizhé'é yę́ę át'įįgi át'é, ní jiní. Doodagoó ádíní. K'adiishą' daa jít'é, ní jiní asdzą́ą́ ní jiní. K'ad t'óó lá éí nahalin, ní jiní. Haa'íshą' hazhó'ó díníił'įįł, íishją́ą́' t'áá aníigo hats'iiyah sę́ę́s doo, t'áá aaníí hó ájít'įįgo, ní jiní, asdzą́ą́ ájiní jiní.

51. Anáálwod jiní. Áadi shį́į́ yá náá'áshóóh jiní. Bits'iiyashjį' nináhozhdeeshch'id jiní. Kójí yaa' shishhash, ní jiní. Bíni'dii áníigo ákóne'é ahojíich'id jiní. Ńt'éé' sę́ę́s jiní. Ts'ídá hazhó'ó jinéł'į́į́' jiní. Aadóó dah nínáázhdiilwod jiní hamáháani' bił yah ánínáájoolwod jiní. T'áá aaníí t'áá shizhé'é yę́ę ni át'į́, shimá, ní jiní. Daa k'adii, bits'iiyah sę́ę́sę́ęni' hazhó'ó níinił'į́į́', hojiní jiní. Hazhó'ó néł'į́į́', ní jiní. T'áá íiyisí t'áá aaníí shizhé'é át'į́. Ha'át'éegoshą' doo shiinídlą́ą da, shimá, ní jiní. T'áá aaníí shizhé'é át'į́, hałní jiní hach'é'é. Da' ts'ídá t'áá aaníí ádíní, shich'é'é, bijiní jiní. T'áá aaníí ándishní, shimá. Geénee' ákǫ́ǫ́ dínááh honíníł'į́. Aadóó shį́į́ ákǫ́ǫ́ jiiltee' jiní. Áadi shį́į́ hadaaníhę́ę bił yah ajoolwod jiní. T'áá áko bits'iiyahgi ąą ájiilaa jiní. Bitsii' ch'ééh yaa nchį'go ąą ájiilaa jiní. Ńt'éé' bits'iiyahgi sę́ę́s jiní. Áádóó shį́į́ hazhó'ó jinéł'į́į́' jiní. Díí lá ayóó ánt'éé lá hastiin. Shą́ą́ díį' nááhaiídą́ą́' dasínítsą́ą ni', bijiní jiní. Lą́'ąą t'áá lá aaníí shí ásht'į́, ní jiní. Dooládó' ayói ánt'ee da lá, haa'í shį́į́ doo doo ńtséekos da, bijiní jiní. T'áá lá aaníí, ní jiní, jichago ábijiní jiní.

---

[13]*T'óó ga'*, it does seem (speaking of an absent person). *T'óóla'*, it does seem (speaking of a person, thing, near or present, while looking at it). Sandoval

52. Kódzaago t'óó bił yah ándzoodzá jiní. Ákohgo shįį bitsi'ęęni'
t'óó baa yániizį́į' jiní, k'ad bá i'niilchį́įgo. Ákohgo shįį awéé' bidii'ná
lá jiní. Aadóó shįį dah diiyáá lá jiní. Ńléí halgaiji' hosh yaachiih
hoolyéejį' ch'íníyáá lá jiní, awéé' béé'nahgo. Ákohgo shįį awéé'
bighántłish lá jiní. Aadóó shįį nahashch'id bi'ą́ą' góne' ayídzííltáál
lá jiní. Aadóó shįį dah ńdiidzá.

<hr />

14 *Idíl'į* is not used alone, but must be used with *ha'át'éego shįį idíl'į*. What you do
(for yourself) is your own concern.

10

Old Man Owl Raised Him

53. Ńléí dibé ntsaa bee nástł'ahdę́ę́' tséyaa hatso hoolyéédę́ę́' náshjaa' hastiin jideeshzhee' lá jiní. Hosh yaachii' hoolyéegi jooljah, ńt'éé' awéé' yichai yiits'a' jiní. Áádóó shį́į́ bik'isdeesááh jiní. Ńt'éé' t'áá hodilkǫǫhjį' awéé' yicha jiní. Ákwe'é jiníyá, ńt'éé' a'áán góne' yiits'a' jiní. Ako shį́į́ t'áá áko awéé'éenil hájíłtį́ jiní. Aadóó shį́į́ t'áá ch'ééh bíighahígíí yaa ntséskééz lá jiní. Wónáásdóó t'óó dah néidiiłtį́ jiní, ńléí tséyaa hatsodi ninéiníłtį́ jiní.

54. Ákohgo shį́į́ nááshjaa' asdzą́ą́, Há'át'éegi lá awéé' bik'iinlwod, ní jiní. Ha'át'íí bi'awée'go áníł'į́ ní jiní, nááshjaa' asdzą́ą́ ní jiní. T'áadoo naagháhígi a'áán góne' sitį́į́ lá. Áníídí yę́ę yizhchį́į́ lágo ńdiiłtį́. Díniilzééł asdzą́ą́. Baa áhólyą́, yiłní jiní bi'asdzą́ą́. Lą́'ąą, shi'awéé' doo, shiyáazh doo, sitsóí dooleeł, ní jiní. Ákohgo shį́į́ gah ni'iiyeehgo bitoo' yizayiizíidgo yidiską́ą́' lá jiní. Ákohgo shį́į́ wónáásdóó díích'ish lá jiní. Wónáásdóó nikidii'na' jiní. Wónáasii néidzih jiní. Ako shį́į́ gah bikágí ahéédadeez'áago gah ch'idí ts'ídá nilį́įgo éí yee njah jiní. Ayóí áyó'ní jiní, nááshjaa' asdzą́ą́. Wónáasii nikidiiyá jiní. Wónáasii bi'ałtį́į' bik'a' yá áyiilaa jiní. Wónáasii t'áá bí naalzheeh silį́į' jiní. Gah niiyiiyeeh, dlǫ́ǫ́'da jiní, łé'étsoda jiní niiyiiyeeh jiní.

55. Ákohgo shį́į́ naakits'áada binááhai jiní. Ayóí áyó'ní jiní. Awéé' sitsóí yiłníigo yił ntish jiní. Áko shį́į́ nááshjaa' hastiin yóosnii' lá jiní. Shaa dilééh nízingo yóosnii' lá jiní. Áko shį́į́ yił dah ńdiit'áázh lá ńléí bidizhchínę́ędi yił nát'áázh lá jiní. Kwii áá éí ndizhchį, kwii áá éí hosíníłį́'. Ha'át'éego shį́į́ ídíl'į́[14] yiłní jiní. Áko shį́į́ yits'ą́ą́' dah ńdiidzá jiní. Áko shį́į́ t'áá ákǫ́ǫ́ njighá jiní. Nimá nizhé'é nichóh hólǫǫgo át'é, hałníigo hats'ą́ą́' dah ńdiidzá jiní, nááshjaa' hastiin. Ha'át'íí lá shimágo áhíłníí lá, ha'át'íí lá shizhé'égo áshiłníí lá, ha'át'íí lá shichóhgo áshiłníí lá, dzinízingo baa hóoni'go njighá jiní. T'áá ákǫ́ǫ́ hwiiská, njizhchį hodi'nínę́ęgóó hwiiská jiní.

[115]

11

Signs of Warning

56. Abínígo nízhdii'na' jiní. Ha'a'aahjigo dashdiiyá jiní. Ńt'éé' hwiidoolk'áázh jiní. T'áá ńdzídzá, jiní. Shádi'áahjigo dah náázdiidzá jiní. Ńt'éé' hachịịh náádiists'ą́ą́' jiní. T'áá' náádzídzá. Ha'át'éego lá áníí lá, dzinízin jiní. E'e'aahjigo dah náázdiidzá jiní. Ńt'éé' lá hajee' doolk'iz lá jiní. T'ą́ą́' náádzídzá jiní, hwiiskánę́ęjị' ńnáádzidzá jiní. Náhookǫsjigo dah náázdiidzá jiní. Ńt'éé' hakáá' dahasdloh jiní. T'ą́ą́' náádzídzá jiní, hwiiskánę́ęjị' ńnáádzídzá jiní.

57. Áko shịị dịị'di azlị́į́'. Ńt'éé' t'áá hayaadóó t'áá hadahoołt'éédóó tsíłkę́ęh léi' ńdii'na' jiní. Kojígo nits'ą́ą́' ííná, sitsóí, hałní jiní. Naakits'áada náahaiídą́ą́' nits'ą́ą́' ííná, hałní jiní. Shí éí nch'íih[15] tooh nchooyin nishłínę́ęn éí shí ásht'ị sitsóí. Nimá hóló, nizhé'é hóló, nichó hóló, sitsóí, hałní jiní. Doodadó' akée'da jiní. Aadóó shịị dashdiiyá, t'áadoo ahani njigháhí, hwee i'íí'ą́ jiní. T'áá ákǫ́ǫ́ njighá jiní. Ńt'éé' kóóní tsin ńdadiniibahgo ahéę́ńtą́ jiní, ił nást'i' ńt'ée'gi át'é jiní. T'áá ákǫ́ǫ́ hwiiská jiní.

58. Hoos'ịịdgo názhdii'na' jiní. T'áá ako ha'a'aahjígo dah náázdiidzá jiní. Ńt'éé' hwiináádoolk'áázh jiní. T'ą́ą́ ńnáádzídzá jiní. Shádi'áahjígo dah ńnáázdiidzá jiní. Hajee' náádoolk'iz. T'ą́ą́ ńnáádzídzá jiní. E'e'aahjígo dah ńnáázdiidzá jiní. Hachịịh náádiists'ą́ą́' jiní. T'áá ńnáádziidzá jiní, hwiiskánę́ędi. Náhookǫsjígo dah náázdiidzá jiní. Hakáá' dah náádahasdloh jiní. T'áá náádzíidzá jiní. Ńt'éé' tsin bi'oh ndiníką́ą́'go ałts'íísígo sitą́ jiní. Aadę́ę́' hach'į' ńdii'na'

---

[15]Nch'íih tooh, your intestine water, that is, liquid in the fetus bag. Nchooyin, signifies menstrual fluid.

jiní, tsílkééh nilį́įgo hach'į' ńdii'na' jiní. Kǫ́ǫ́ lán nimá nizhé'é nchei nchó hóló kojigo nits'ą́ą́' ííná, sitsói, hałní jiní. Aadóó shį́į́ dah náádiidzá. T'áadoo ahani nináádzídzá jiní, hwee anáá'oot'ą́ą́ lá jiní. Tsin daalbáago t'áá ahéént'i' jiní, koniik'ehgi łeeshch'íí' t'áá shijaa' jiní. T'áá ákǫ́ǫ́ náhwiiská jiní.

59. Hoos'įįdgo nináázhdii'na' jiní. T'áá áko ha'a'aahjígo dah náázdiidzá jiní. Hwiináádoolk'áázh jiní. T'ą́ą́' nínáádzídzá jiní. Shádi'ááhjígo dah náázdiidzá jiní. Hajee' náádoolk'iz jiní. T'ą́ą́' nínáádzídzá jiní. E'e'aahjígo dah náázdiidzá jiní. Hachį́įh náádiists'ą́ą́' jiní. T'áá ńnáádziidzá jiní. Náhookǫsjígo dah náázdiidzá jiní. Hakáá' dah nádahadloh jiní. T'ą́ą́' ńnáádzídzá jiní. Díí'di ná'ásdlį́į' jiní. Ásaa' giizhí nchǫ́ǫ́'í yee' jiní, ńt'éé' éí hach'į' hanáánáádzíí jiní, tsílkééh nilį́į-go áhałní jiní. Kojígo nits'ą́ą́' ííná, hałní. Nimá nizhé'é nicheii nchó hólǫ́ǫgo át'é, hałní jiní. Ákohgo shį́į́ dah náázdiidzá jiní. T'áadoo ahani nnáádzídzáa da anáá'oot'ą́ą́ lá jiní. Ńt'éé' dííchiigo ahéénlá bee ałnázt'i'go áko hooghan ńt'ée'gi át'é jiní. Konik'eh t'áá hodíniigo haz'ą́ jiní. T'áá ákǫ́ǫ́ hwiiská jiní.

66. Hoos'įįdgo ńnáázhdii'na' jiní. Aadóó ha'a'aahjígo dashdiiyá, ńt'éé' hwiináádoolk'áázh jiní. T'ą́ą́' ńnáádzídzá jiní. Shádi'ááhjígo dah náázdiidzá jiní. Hajee' náádoolk'iz jiní. T'ą́ą́' ńnáádzídzá jiní. E'e'aahjígo dah náázdiidzá jiní. Hachį́įh náádiists'ą́ą́' jiní. T'ą́ą́' ńnáádzidzá jiní. Náhookǫsjígo dah náázdiidzá jiní. Hakáá' dah nádahasdloh jiní. T'ą́ą́' ńnáádzídzá jiní, t'áá hwiiskánę́ęgi ńnáádzídzá jiní. Aadę́ę́' gish nchǫ́ǫ́'í yee' jiní. Éí hach'į' hanáánáádzíí' jiní, tsílkééh nilį́įgo áhałní jiní. Kojigo nits'ą́ą́' ííná, sitsói. Nimá nizhé'é nicheii nichó biłgo nts'ą́ą́' i'ííná, ní jiní.

61. Aadóó shį́į́ dah náázdiidzá jiní. Toohgóó tsé'naa tah adoodoołtł'izhdi kónaa, t'áá kwe'é hwee náá'oot'ą́ą́ lá jiní, toohgóó wónaaníjį'. Ńt'éé' ił t'ah ditłée'go bee ił naázt'i' jiní. K'éshzhingo nda'atiin jiní. T'áá ákǫ́ǫ́ náhwiiská jiní. Hoos'įįdgo dah náázdiidzá jiní. Ha'a'aahjígo hwiináádoolk'áázh jiní. Shádi'ááhjígo dah náázdiidzá jiní. Hajee' náádoolk'iz jiní. T'ą́ą́' ńnáádzídzá jiní. E'e'aahjígo dah náázdiidzá jiní. Hachį́įh náádiists'ą́ą́' jiní. T'áá ńnáádzídzá jiní. Náhookǫsjígo dah náázdiidzá jiní. Hakáá' dah nádahasdloh jiní. T'ą́ą́' ńnáádzídzá jiní. Bé'ézhóó' nchǫ́ǫ́'í yee' jiní, hach'į' hanáánáádzíí' jiní. Tsílkééh nilį́įgo, Kojigo nts'ą́ą́' i'ííná, sitsói, hałní jiní. Nimá nizhé'é ncheii nchó biłgo nts'ą́ą́' i'ííná, hałní jiní. T'áá áko dah náádiidzá jiní. T'áadoo ahani ńnáádzídzaa da jiní. Hwee náá'oot'ą́ą́ lá jiní. Ńt'éé' ániid ńdii'náá lá jiní. Iłę́ęn· t'ah ditłée'go bee ił názt'i'go bihooghan ńt'éé' lá jiní. T'áá ákǫ́ǫ́ náhwiiská jiní.

62. Hoos'įįdgo ha'a'aahjígo dah náázdiidzá hwiináádoolk'áázh
jiní. T'áá' ńnáádzídzá. Shádi'ááhjígo dah náázdiidzá jiní. Hajéé'
náádoolk'iz jiní. T'ą́ą́' ńnádzídzá jiní. E'e'aahjígo dah náázdiidzá jiní.
Hachį́įh náádiists'ą́ą́' jiní. T'ą́ą́' ńnáádzídzá. Náhookǫsjígo dah
náázdiidzá jiní. Hakáá' dah náádahasdloh jiní. T'áá' ńnáádzídzá jiní,
hwiiskánę́ę́gi ńt'éé' adístsiin bi'oh niiltxǫ' hach'į' hanáánáádzíí' jiní,
tsíłkę́ę́h nilį́įgo áháłníí lá jiní. Kojigo nits'áá' i'ííná. Nimá nizhé'é
nicheii nichó biłgo nits'ą́ą́' i'ííná, sitsóí, hałní jiní. Ńt'éé' kóoní hooghan
ńt'éé' lá jiní, díį́'iiskáńdą́ą́' daats'í ńdii'náá lá jiní.

63. Akóó hwiiłkáahgo nááshjaa'ą́ąni' t'áá áła hóńł'áázh jiní,
hodiyoołhééł biniiyé. Níłch'i biyázhí hak'i hoolį́įd hajaat'ahgi hajaa'
nánists'éígíí t'áá bik'ehgo hąąh dahisid jiní. Ńt'éé' aadę́ę́' hach'į'
haadzíí' jiní. Ńléí áninígíí k'ad níniiłhį́įgo ání, biyeel áńlééh, hałní jiní,
níłch'i biyázhí. T'áá áko ch'izhníyáii, T'áadoo ádóó'níní akǫ́ǫ́ nihiyeel
k'ad nihá áshłééh, yoołgaii biyeel bá ájiilaa jiní. Áko shį́į́ t'áadoo
hwiiską́ą da. K'ad nihílááh nát'ash shicheii shichóh, bijiní jiní. Doo hoł
yah íí'áazh da jiní. T'áá tł'óódę́ę́' hach'į' áníí ńt'éé'. T'áá áko t'áadoo
anáádoo'niid da jiní. Aadóó shį́į́ hats'ą́ą́' anáát'áázh jiní.

64. Ákohgo shį́į́ ajiiłhaazh ńt'éé' ndziizyeel lá jiní. Áko shį́į́ diné
shida'niiłhį́į́ lá hojoobáago baa hasdéyá. Kót'éego baa ndziizyeel lá
jiní. Hoos'įįdgo nahdę́ę́' hayííłką́ągo ts'éédzídzid jiní. Ha'át'iílá yówee
át'éego dó' shibił yíichǫ' ínísáago daa lá shididoolnííł lá dzinízin jiní.
Áko shį́į́ bąąh hóoni' jiní, ndziizyélę́ęni'. Áko shį́į́ hajaatahdę́ę́' níłch'i
biyázhí hach'į' hanáánáádzíí' jiní. T'áadoo bąąh níni'í doo ádooníił da
azhą́ ákót'éego nayíníyeel ndi. Éidí doo bik'eh ahodooníił da, sitsóí,
hałní jiní.

65. Ákohgo shį́į́ hoos'įįd jiní. Aadóó shį́į́ índa doo ha'a'aahjigo
dashdiiyáa da jiní, doo hwiidoolk'áazh da jiní. Shádi'ááhjígo doo
dashdiiyáa da jiní. Doo hajéé' doolk'iz da jiní. E'e'aahjígo doo
dashdiiyáa da jiní, doo hachį́įh diists'ą́ą' da jiní. Náhookǫsjígo doo
dashdiiyáa da jiní, doo hakáa'da dahasdloh da jiní. T'áadoo le'é hach'į'
hahadziihę́ęni' kojigo nits'ą́ą́' i'ííná dahałnínę́ęni', áko shį́į́ t'áadoo
hach'į' hadzíji' da jiní. Áko shį́į́ baa ntsísíkees jiní. Ił áhoonííł hoolyée
ga' át'éé lá, doo wooshdlą́ą́góó la'. Áko la' háajigo shį́į́ ííyáaleł ńt'éé'
lá. Wooshdlą́ągo éí bik'ehgo dah hidisháahgo, jó akon k'ad íńsááh.

66. Áko k'ad iidiiłk'áásh hoolyéii wooshdlą́. Nahodít'éejį'
hidisháahgo shidoolk'áazhgo doo bił nááś dah dideeshááł da, jiní jiní.
Índa shijee' doolk'izgo doo bił nááś dah dideeshááł da, jiní jiní. Índa
shichį́įh diists'ą́ą'go doo bił nááś dideeshááł da, jiní jiní. Índa shikáá'
dah dahasdlohgo doo bił nááś dideeshááł da. Háálá ayói át'éii shąąh

dahiszid níłch'i biyázhí. Índa ayóó át'éii shineesą́ nááshjaa' hastiin ayóó át'éii shineesą́. Náshjaa' asdzą́ą́ chahałheeł shik'éiiyiiłka'go, nahodeetł'iizh shik'éiiyiiłka'go nahootsoi dó' shikéiiyiiłka'go, hayooł- kááł dó' shikéiiyiiłka'go, háálá éí bii' niiyą́. Yoołkáálgóó díí k'ad bee nihoní'ánígíí nihookáá' diné hodideezlį́į́dgóó t'áá kót'éego yoodlą́ą́ dooleeł, íídiilk'áashii, ajee' diik'éesii, achį́įh diits'a'ii, akáá' dahadlohii, bił nehechǫǫhii, ił áhooníiłii t'áá ałtso nihookáá' dine'é t'áá yoodlą́ą́ doo jiníigo bee nihozhní'ą́ jiní.

12

He Became a Ute

67. Aadóó shį́į́ dah azhdiilkáá' jiní, aneeshzhéé' lá jiní. Akwe'é
hwiiská jiní. Táá' iiskáńdą́ą́' ńdii'náá lá jiní. Aadóó akéé' dah
náázdiidzá jiní. Nááneeshzhéé' lá jiní. Naakiskáńdą́ą́' i'íínáá lá jiní.
Aadóó akéé' dah náázdiidzá jiní. Nááneeshzhéé' lá jiní. Adą́ą́dą́ą́'
i'íínáá lá jiní. Aadóó akéé' dah náázdiidzá jiní. Nááneeshzhéé' lá jiní.
Abíńdą́ą́' náádii'náá lá jiní. T'ahdii daako̧' lá jiní. Aadóó akéé' dah
náázdiidzá jiní. Nínínááh ládi izńsá jiní. Yah ajííyá jiní. Diné
niháaztą́ą́ lá jiní, t'áá ałtso hamá hazhé'é hacheii hachó hak'iséęni'.
Áko shį́į́ bił yah ajííyá. Áko doo béédahodzísin da jiní. T'áadoo há
dahooł'a' da.
68. Ákohgo shį́į́ t'óó dahoneł'į́į́' jiní. Ákohgo shį́į́ hajaat'ahdę́ę́'
niłch'i biyázhí hach'į' haadzíí' jiní. Eii áá éii éii éii nishchínęę nimá
át'é, hałní jiní niłch'i biyázhí. Eii áá éii nizhé'é nicheii át'į́, hałní jiní
niłch'i biyázhí. Eii áá éii nichó át'į́, hałní jiní. Ńléí éí nik'is át'į́, hałní
jiní. K'ad nimá k'é bidiní, nizhé'é dóó k'é bidiní, nicheii dóó k'é bidiní,
nichóh dóó k'é bidiní, hałní jiní. Nizhónígo hoł hoolni' jiní niłch'i
biyázhí. Áko shį́į́ hamáhą́ą́ni' bich'į' dashdiiyá jiní. Áhálaanee', shímá,
ni áá éí shishíniłchínéęni' naakits'áada nááhaiidą́ą́' yóó ashííniłtínéeni,
éí shí ásht'į́, shimá, bijiní jiní. Áko shį́į́ hazhé'é yéeni' bich'į' dah
náázdiidzá jiní. Bizééjízhchid jiní. Áhálaanee' shizhé'é, bijiní jiní.
Shicheii, bijiní jiní, doo haíńt'įį da jiní. Aadóó shį́į́ hachóhę́ęni' bich'į'
dah náázdiidzá jiní. Shichó, shichó nílíńę́ęni' éí shí ásht'į́, bijiní jiní.
Áádóó shį́į́ hak'iséęni' bich'į' dah náádiidzá jiní. Áhálaanee', shínaaí,
bijiní jiní. Doo deíńt'įį da jiní.
69. Aaji shį́į́ bíighah azlį́į́', t'áadoo k'é dahodi'nii da jiní. Áádóó shį́į́
ts'éédzídzá. T'áá ákǫ́ǫ́ nikishdiiyá jiní. Yáadi lá léi' nihaílwod, shimá,
níigo, shizhé'e níigo, shichó, níigo, shínaaí níigo. T'áadoo ts'íí át'éii
át'é, sha'shin daniłní, hałní jiní, hajaatahdę́ę́' niłch'i biyázhí.
Wónáásdóó ch'ééh k'é bijiníigo t'áá hanii'jį' há ńdaat'į́ jiní. Wónáásdóó

[120]

diiyoolyééł dahałní jiní. T'áá hazhó'ó bik'eeę́ni' doo hoł hózhǫ́ǫgóó
ntsísíkees jiní.

70. Wónáásii hazhé'éę́ni' hach'į' haadzíí jiní. Há'át'éédę́ę́' lá
yınáałgo ádíní. Háadi shį́į́ nikéyah, ákǫ́ǫ́ ńdídááh doo néédahoniilzin
da, hałní jiní. Éí índa t'áá íiyisí bik'ee hánii'a' jiní. Bik'ee doo hoł
hóózhǫǫd da jiní. Yáadi lá bee ádoolnííł. Shimá diyeeshhééł, shizhé'é
dó' diyeeshhééł dziniizį́į́' jiní. Ákohgo shį́į́ hamáhą́ą́ yah bííjii'ą́ jiní,
hazhé'é yę́ę́n dó' yah bííjii'ą́ jiní. Ákohgo shį́į́ dashdiiyáó yee'.

71. Hááhgóó shį́į́ hatł'aayaagóó hahodíídláád diists'áá' jiní. Yáadi
shį́į́ kwéé nihitah níyáhą́ąni' diné naaki yiyííghą́ą́' lá. Shidą́ą́'dą́ą́' ga'
sołhéé nihidi'ní dooda ákónihidoolíłłgóó, yiists'áá' jiní. Néidooltsééł
daats'í hodoo'niid yiists'áá'jiní. Aadóó shį́į́ ch'éékáká' áhóót'įid lá jiní.
Áádóó shį́į́ hachaha'ohéę́ni' bich'į' hadzoodzíí' jiní. Ha'át'íí shidi'ní
sha'shin. Ákǫ́ǫ́ hani' shá hadíńnááh áshidi'níinii nił bééhodoozįįł éí bee
shił hodíílnih shaa néíńdzáago, bijiní jiní.

72. Ákohgo shį́į́ éí shį́į́ áá níyá jiní. Hó éí t'áá ákǫ́ǫ́ dzizdáago.
Éí áá níyáá lá jiní hachaha'ohéę. Ákóóh, ákóóh, yáadidá akóó
nihitaghahą́ąni', yiists'áá' jiní. Tsiiyaagi áłchíní ndaanéé ńt'éé' jiní,
naakigo yiyííghą́ą́l[16] jiní. Áłchíní naaki nááyoogą́ą́' lá, hodoo'niid jiní.
Da'níłch'ishídę́ę́' diné diwosh dadiists'áá' jiní. Hanázt'i' jiní. Aadóó
baazhdeeyá jiní. T'áá haníí'jį' t'áá bindzízt'i'go doo hoł béédahózin
da jiní. Hááhgóóshį́į́ ndazhntá jiní. Ńt'éé' ńléígóó náánálwoł jiní.
Ńléígóó náánálwoł,[17] hodoo'niid jiní. Aadóó hach'į' nnáádiilyis jiní.
Diné hońnáánázt'i' jiní.

73. Aadóó diné baa náázdeesdzá jiní. T'áá doo sohodéébéézhígóó
doo hweenáhosdzin da jiní. Ch'ééh háká nahóót'įid jiní. Ńléígóó
náánáálwoł. Ńléígóó náánáálwoł, hodoo'niid jiní. Aadóó hach'į'
ńnáádiilyis jiní. Diná hońnáánázt'i' jiní. Baa náádeesdzá jiní. T'áá
doo sonáhodéébéézhígóó doo hwéénáhósdzin da jiní. Ch'ééh háká
anáhóót'įid jiní. Ńléígóó náánáálwoł. Ńléígóó náánáálwoł, náho-
doo'niid jiní. Aadóó hach'į' ńnáádiilyis jiní. Diné baa náázdeesdzá jiní.
Hááhgóóshį́į́ diné hońnáánázt'i' jiní. T'áá doo sohodéébéézhgo doo
hwéénáhosdzin da jiní. Ch'ééh háká ánááhóót'įid jiní. Ńléígóó
náánáálwoł, ńléígóó náánaalwoł, náhodoo'niid. Aaji shį́į́ díį'di azlį́į́'.
Doo hwéénáhosdzin da jiní. Áko shį́į́ ńléidi ńjílwod. Doo soho-

---

[16]*Yiyííghą́ą́l.* is contracted for *yiyííghą́ą́ lá.*

[17]This is said in a higher pitch to illustrate the excitement.

déébéezh da ayói hoot'é góne' ashííńł'a'. K'asdą́ą́' sidisxį, t'áá ndiyoołhééł, daniłní, hojiní jiní. K'ad aadę́ę́' sha'shin, hojiní jiní.

74. Aadóó shį́į́ hachaha'ohę́ęni' hó násdlį́į́'. T'áá biłgo kodę́ę́' diwosh náádadiists'ą́ą́' jiní. Aadóó shį́į́ dajite' ts'ídá t'áá íináwółí bee. Tsitł'iz k'ízhnígizh t'áálá'ígo. Bíjíshéé' jiní aadóó nazdeest'e' jiní. Kodę́ę́' diwosh náádiists'ą́ą́' jiní. Ahaa dashdii'áázh jiní nazhdilt'é e'ekéé' jiní. Tsé'ésgízii baa náá'ahizhneelchą́ą́' jiní. Ła' k'ínáázhnígizh jiní. Bínáájíishéé' jiní. Tádzíst'é' jiní. Kodę́ę́' diwosh náádiists'ą́ą́' jiní. Aadóó dashdiijéé' jiní. Tájílt'é e'etiin jiní. K'íńjíł'aahí baa náázhńjéé' jiní aadóó índa háágóóshį́į́ ts'ídá t'óó ahayóígo dajizhgizh jiní. Dajishéehgo t'áá ákǫ́ǫ́ diné neheleehgo t'óó ahayói. Hááhgóóshį́į́ t'óó diné ąilzhishgo diné t'óó ahóóyói jiní. Wónáásii sahdiida dajizhgizh jiní. Aadóó ńdii'na' jiní. Diwush[18] náádadiists'ą́ą́' jiní, t'áá áají' nihodíníiyeel yiists'ą́ą́' jiní. Ńt'éé' t'óó ahayóígo haz'ą́ jiní. Hái shį́į́ íiyisí áhoot'é jiní. I'íínáá lá jiní. Sahdii adabiiztiin jiní. Sahdii adahashzhóód jiní. Doodagi át'é t'áá doo ts'íí át'éii ádeil'į́į́ lá k'adí. T'ą́ą́' hadiikah, t'áadoo ts'íí nihidoolííł da sha'shin, hodoo'niid jiní.

75. Éí shį́į́ t'óó wók'ą́ąjį' bikéé' hadiikah, hodoo'niid jiní. Áádóó shį́į́ wók'ą́ąjį' bikéé' hadziskai jiní. Ńt'éé' hááhgóóshį́į́ nda'iiznáá lá jiní. Níbaal ni' ahibídzígai jiní. T'óó ahayóígo łid yaniits'één jiní. T'óó ahayóígo diné bichánaazhóód jiní. Bitsii' daashbizhgo ałah danilį́ jiní. Éí shį́į́ nóóda'í silį́į́' lá jiní. K'aa' dine'é silį́į́' lá jiní. Kót'éego dazhné'į́į́' jiní. Aadóó shį́į́ índa t'ą́ą́' dah ńdiildee' jiní. Éí shį́į́ na'íldee'. Doo sohodéébéezhii ánihił'į́į́ lá, t'áá nihilą́ąjį' diné ádeile'go. Wónáásdóó t'óó ahayóígo i'íínáá lá k'íńjíł'ahí ádił niki'iilzhéé' lá aadóó sahdiida adahashzhóodgo łeezh bii' hoodzą́ągo dahaznáá lá. Aadóó wók'ą́ąjį' bikéé' hasiikai, jiní jiní. Ńt'éé' t'óó ahayóígo níbaal ahiih bídzígai t'óó ahayóígo diné bichánashzhóód, bitsii' daashbizhgo, hááhgóóshį́į́ łid yaanits'eeh, jiní jiní. T'óó daniil'į́į́' nóóda'í ánihił'į́į́ lá. K'aa' dine'é nilį́į́ lá, dazhdííniid jiní. Áigi jó kót'éé lá. Ha'át'éegosh dó' dooleeł, hodoo'niid jiní. Bíni'diin kééhat'į́, hodoo'niid jiní.

76. Áko shį́į́ mą'ii yéeni' ya'ąąshdę́ę́' ii'ni' łikizhii, ii'ni' ntł'aii, niłch'i łikizhii, niłch'i ntł'aii hadaałt'é áńnáábidiilyaa jiní. Kojí nááshjaa' honeesááneejí baa hane'ę́ęni' k'ad t'áá ákódíjį' hane' nńt'i'. Mą'ii yéeni' éí doo baa hane'í baa hane' ni'íít'i'.[19]

---

[18]*Diwosh* and *diwush* are identical. The u-form of the stem is given at times to indicate that it prevails.

[19]Sandoval suggests this change: *doo baa nihóńnii'í baa hane' íit'i'*.

PART THREE:
COYOTE AND CHANGING
BEAR MAIDEN

13

The Coyote Robe

77. Mą'ii tsídídįįjí ch'aa náhát'į nínáálwodgo n̂léí diyin dine'é kéédahat'įígóó jiní. Naghái tó nts'ósíkooh hoolyéejį' yihííh ahą́ą́h yiswod, aají shį́į́ asdzą́ą́ yoo'įįgo, at'ééd naa'azíłí wolyéii bilahkéí naakits'áadago yaa sidáago. Éí shį́į́ t'áá ákwíí jį́ yah anáálwo'go yaa ndineedzá jiní, tsé ts'éstáán yikáá' néiltihgo t'áá ákwíí jį́ diyin dine'é ch'ééh da'iiyeehgo asdzáni ayói nooshónigo ką' ádinii nilį́įgo jiní. Índa hwiich'ááh hoolyéegi nashjé'ii dine'é naak'ą bináá' k'éédeididléehgo kééhat'į. Áají' ałdó' ahą́ą́h yiswod. Ákwii shį́į́ t'éí naską́ą́'[1] k'ee'eshchíín diłhił naską́ą́' bik'i ndzisgaii, ndak'ą diłhił, ndak'ą ałgaii tł'aabą̨ąh naską́ą́'. Tsis łą́ nanl'eeł mą'iich'id.[2] Éí shį́į́, Ha'át'éego lá ła' shí dooleeł lá, nízingo, aadóó shį́į́ éí diyin dine'é ntł'iz bił ałghádajii'nilgo. Ákohgo shį́į́ díí mą'ii éí doo yik'é niiyoolélígóó t'eshchííh[3] ndi doo béhésh-zhahgóó. Áko éí yidánooli'. Ha'át'éego lá ła' shóídoot'éél lá, nízingo aají' ahą́ą́h yiswod jiní.

---

[1]*Naską́ą́'*, woven fabric, like a blanket. The *naską́ą́' k'ee'eshchíín* designs woven into the fabric. *Diłhił naską́ą́'* was altogether black. *Bik'i ndzisgai* was a black base with white "on it." *Ndak'ą diłhił* and *ałgai* were all black or white, respectively. These were used as robes and bedding by men and women, while the various *tł'aabą̨ąh naską́ą́'*, skirt fabric, and *tsis łą́ nanil'eeł*, sash with many fringes, were women's apparel. Curly

[2]*Mą'iich'id*, is said to have been a poorly-woven yucca robe. Sandoval

[3]*T'eshchííh*, specular iron ore, which was used in ceremonial offerings and sprinkled on prayersticks. A very common material which even the poorest of the poor possessed. But Coyote had none.

78. Jó díí jíį́go k'ad yeę át'ée dooleełii yiniiyé shį́į́ díí ńléí diyin dine'é yitah néiltih. Ákohgo shį́į́ k'ad ákwii t'éí hólǫ́ǫgo yoo'į́. Áko éí ńléí diné yitah néiltihgóó t'áá yilwo'ígíí t'áá áko yaa halni'. Ayóí át'é, naską́ą́' hólǫ́ǫgi hweesh'į́ ni', jiní. K'ad kót'éego shį́į́ diné yee yił nahalni'go, T'áá át'éhígíí ne'ééchaidǫ́ǫ́z átsé hashké niyooch'ííd, ha'át'éegish yáada hólǫ́ǫ dooleeł dabijiní jiní. Dooda, t'áá aaníí t'áá íiyisí is'į́, ní jiní. Aadóó shį́į́ dah náánéilte' hoolk'id hoolyéii bikáá'góó. Ńléí hoolk'id t'áá ní'áii bikáá'góó iilwod lá jiní. Ńléí tsé biyah aníí'áhí hoolyéegi yílwod lá jiní. Haalá hánéé, sił naa'asǫ́ǫ́ t'ęęstsį́į́h shaa da'iyoojááh bił yah dideeshdááł, ní jiní. Ákwe'é shį́į́ ch'ééh yaa náhálni'. Ywiich'aahgi kót'éii hólǫ́. Áajį' bił yah dideeshdááł, níigo ch'ééh yaa náhálni', ch'ééh áát'įid, t'áadoo ábidiilyaa da.

79. Aadóó shį́į́ din dootł'izhdi náánáálwod. T'ééshchííh ntł'izda ła' shaa da'iyoojááh, sił naa'asǫǫ́, są́ą́zǫ́, ní jiní. Táadoo ánáábidiilyaa da lá jiní, doo bi'doodlą́ą́'góó, Aniísh ání, bi'di'níigo jiní. T'áá shį́į́ ch'ééh áát'įidgo aadóó dah náádiilwod. Kinteelgi[4] náánálwod. Ts'ę́ę́h hodzoobą disníigo naasá, sił naa'aasǫ́ǫ́, ní jiní. T'ééshchííh ntł'izda ts'ę́ę́h adíiniskęęd bił yah dideeshdą́ą́lgo, ní jiní. Ch'ééh ánáánát'įid doo bi'doodlą́ą́'góó. Aaniísh ałtahí, yáadi lá, níigo bíighahígi niilyeed, dabijiníigo. Ńléí nínáhályeedgo shį́į́ áádóó dah náhidiilyeed doo shį́į́ t'ááłáhídi dah diilwodígíí, ákohgo tádoolwod da, tó nts'ósíkoohdi náánálwod lá jiní. Ch'ééh ánáánáát'įid lá jiní áadi. Dooládó' doo dajooba' da lá są́ą́sǫ́ sił naa'aasǫ́ǫ́, ní jiní t'eestsį́hęę ła' saa noojááh índa ntł'iz ła' shaa da'ayoohjááh bił yah dideeshdááł, ní jiní. Yáadi lá, níigo nihéédiilwo' átsé hashké mą'ii yówehjį' ch'íninoołchéii bíighahígi la' niilyeed, dabijiní jiní. Hé hodziskęęsh nazhnímą'iísh hastiin hóyánígíí doósh hozhdóne' át'ée da, níinii dah diiyá jiní. Aadóó shį́į́ nináánálwod.

80. Aadóó shį́į́ índa ákǫ́ǫ́ yiiltee', áadi yílwod lá jiní, hwiich'áahdi, níłch'itso yas niłt'ees bił ałch'į' silá góne' át'į́ jiní. Ńt'éé' sidáago niná'iisdee' jiní, t'áadoo le'égóó ák'indadildeedę́ę́'. Ha'át'íí lá hájít'į́ átsé hashké mą'ii t'áadoo náhodiyingii da. Ńlááh néiltee', dabijiní jiní. Ákohgo shį́į́ díí hats'ą́ą́' hastihgo nashjé'ii hastiin, Azhą́ shį́į́ ákódadohníí ndi t'áá nihaa náádeeshdááł, níinii dah diiyá jiní. Haa náánádzá jiní. Nihaa ałk'ee shiidoołkááł nisingo ásht'į́, ní jiní. T'áadoo

[4]Kinteel, at Aztec, New Mexico. Kinteel biihílíní, head of Chaco Canyon where nihwiiłbįįhí, Gambler, lived. Sandoval

ádíníní, ńláahdi naniná,[5] átsé hashké, t'áadoo nihaats'ídígíi da, dabijiní jiní. T'áá nihaa náádeeshdáál, níinii dah ínáádiilwod jiní. Ha'át'íí lá yąąh ánihił'į átsé hashké, t'áá hazhó'ó nihaa ndineedzá, dajiní jiní. T'áadoo le'é t'áá baa ádahołyą́. Ńléí hajíínáiidi la' t'áadoo dooyiiłkááh nahaliní diné kǫ' yee yineez'į́', jiní jiní, nashjé'ii hastiin. Haa náánáádzá jiní. T'áá nihaa ałk'ee shiidoołkááł nisin, są́ą́sǫ́ sił naa'aasǫ́ǫ́, ní jiní. Ha'át'éego lá ch'ééh nihaa ałk'ee shiidoołkááł nihidishní, ní jiní. T'áadoo ádíníní héí, átsé hashké mą'ii, ńláahdi naniná. Daa lá nihidíílííł nihaa ndinídzá. Ts'ída t'áadoo náhodiyingi da, bijiní jiní. Dah ánáádiilwod jiní. T'áá shį́į́ nihaa náádeeshdáál, t'áá nihaa ałk'ee shiidoołkááł są́ą́sǫ́ǫ́, níinii dah diilwod jiní. Sá baa ntsídaohkę̄ę̄s, ts'ídá t'áá nihaa ałk'ee shiidoołkááł, níinii dah diilwod jiní. Aadóó shį́į́ haa naanáálwod dį́į́'di azlį́į́'.

81. Ákohgo shį́į́ índa t'áá ákǫ́ǫ́ bee i'íí'ą́ jiní. Kojí díí ha'a'aahjí naak'ą'ałgaii baa ání'á jiní díí góne'. Shádi'áahjí éí abání baa ání'á jiní. E'e'aahjí éí náshdóítso bikágí baa ání'á jiní. Náhookǫsjí éí k'e'eshchíín, tł'aabąąh naską́ą́', dińhił naską́ą́', k'indzisgaii mą'iich'id bee nineel'ą́ jiní, íídą́ą́' shį́į́ doo ákó óolyééóó. Háahgóóshį́į́ t'óó i'íí'ánígo nińch'i nihidadiiłmááz jiní, yas łibáhí nahalingo bił deeyol jiní. Áádóó shį́į́ yidiiską́ doo sohodoobéézhígóó deeshch'íí' jiní. Ha'át'íí lá bee shiidoołkááł lá, níigo, ha'a'aahjí naak'a'ałgaii baa ání'áhą́ą naakits'áadago dah yidiijaa jiní. Doo baa hwinít'įį da jiní. Éí shį́į́ áá ałk'i ádayiilaa, yee neeztį́į́ lá jiní. T'áá hazhó'ó t'óó doozhǫǫgo yiiłhéligo yah anááyoogį́ jiní. Doo hasįh da lá, ní jiní. Éí shį́į́ t'áá wóne' biiską́. Biiskání anáálwod. Aadę́ę́' i'íí'ą́ago náánálwod.

82. Abání shádi'áahjí baa aní'áhą́ą naakits'áadago dah nááneidiigí jiní. Éí shį́į́ shádi'áahjí t'áá ńléí niiyeit'į́į́di yee nááneestį́. Ałk'i ánááyiidlaa lá jiní. Tł'éé'ałníí' bighá hoshzhiizhgo yah ánááyoogį́ jiní. T'óó ch'į́į́d[6] lá, ní jiní. T'áá ákǫ́ǫ́ dah ndeidiiyii'nil jiní, doo shį́į́ t'áá táidiiyeeh da, doo baa hwiińt'įį da jiní. T'óó shį́į́ bíni'dii bíńdayiinééh, t'óó shį́į́ daznízingo, ákohgo t'áá ákǫ́ǫ́ náábiiską́. Hoos'įįdgo anínáánáálwod aadę́ę́' i'íí'ą́ago náánáalwod.

---

[5]Stressed naniná! Be gone!

[6]Ch'į́į́d instead of ts'íid.

83. E'e'aahjí náshdóítsohée naakits'áadago dah náánéidiigí. Ńléí niiyeet'íidi yee nááneestí jiní. Ńlááhdéé' k'ad hasht'e' ndeeskáago yah anáávoogí jiní. K'asdáá' ch'íid lá, ní jiní. Dah ínáádeidiyii'nil jiní. T'áá wóne' náábiiská jiní. Hoos'íidgo anínáánáálwod. Aadéé i'íí'áago náánáálwod jiní. Náhookosjí baa aní'áháa dah dahidénilée ts'idá bee ni'neel'ánée t'áálá'ígo dahidiiłtsooz jiní. Náhookosjí' tsiiyah diyołgi ts'idá níyol hahwiighasgi yee neeztí jiní. T'áá ííyá ńt'éé' jiní. Wonáásdóó ńlááhdéé' hayííłká jiní. Wónáásdóó ałtso hoos'íid jiní. Wónásí ga' k'ad ha'a'aah jiní. K'adéé' haniih dah ńdiidááh, ch'ééh ílíigo. Wónáásdóó ha'í'á jiní. Wónáásdóó honiidoi jiní.

84. Áadi índa aadéé' yee yigááł jiní. T'áá sááł yigááł jiní. Kwe'é hóló léi' dahodiyingo.Haa'í lá doo biniiyé ninisháah da, ní jiní. Ándída láń, jiní, T'áá shí dooleeł sáázóó, sił naa'aasóó, t'áá soodí, ní jiní. Dooda, bijiní jiní. Dooda, t'áá shí dooleeł, ní jiní. Dooda, náábizhdi'ní jiní. T'áá shí dooleeł, sáázóó, sił naa'aasóó, t'áá soodí, náádí'ní jiní. Doo hatahí ndzíiztaa da. Áadi shíí índa ádazhdííniid, T'óó baa didoot'ááł. Bi'iinízíid báhádzid, Kódzaago shíí ná'ookaahgo ni' ákwii sidá jiní. Ákwii bee yiildloosh, bidoo'niid jiní. Yee yiildlooshgo shíí kodóó díí'di bik'ijį' dzisoł jiní. T'áá íídáá' baah ninína' lá jiní. Hálegoónee', ní jiní. Ma'iich'idí shaah ninína', díí léi' bee hak'az[7] bik'eh dídlí. Díí léi' bee zas bik'eh dídlí, ní jiní.

85. Aají shíí, Ńlááh k'ad níní' bida'iilyaa. T'áá ninaalyéhé bitah díníldoh. T'áá nínízinígíí ts'idá díí hó'nínée aneehdi hólónée níí' silíí'. T'áadoo nihaa náńt'íní k'ad, dabizhdííniid jiní. Ńdíídááh ńlááh.[8]

14

Tingling Maiden

86. Aadóó shį́į́ ńléí dził ná'oodiłii nináánálwod. Aadóó shį́į́ tó eeláagi náánálwod. Ayóí át'éii bee shidoolzį́į́', jó ákon mạ'ich'idí, ní jiní. Hwiich'ááh hoolyéegi diyin dine'é baa ałk'ee siiskạ́, ní jiní. Ayóí át'éii hóló̧ ntł'iz ha'ní, ní jiní. Aadóó naalyéhé ááh dahólónę́ę t'áá ałtso yiyííłta' jiní. K'é'éshchíín wolyéii hóló̧, ní jiní. Tł'aabá naskạ́ạ́' wolyéii hóló̧, ní jiní. Diłhił naskạ́ạ́' wolyéii hóló̧, ní jiní. Sisłạ́ nanil'eeł wolyéii hóló̧ ní jiní. Ndak'ạ́' diłhił wolyéii ndak'ạ́'áłgaii wolyéii hóló̧, ní jiní. Jó akon danół'į́, doo dashoodlạ́ą da. Ákǫ́ǫ́ dadoohkai, ntł'iz ha'ní, ní jiní. Aadóó shį́į́ ńléidi nináánáálwod. Kin dootł'izhdi nináánáálwod. K'ad éí nahasni'ę́ę ts'ídá t'áá ákót'éego nináhásni' jiní. Kin nteelgi nináánáálwod lá jiní. T'áá ákót'éego nináhásni'. Jó akon doo da'oohdlạ́ą da, ákǫ́ǫ́ dah doohkai, ntł'iz ha'ní, ní jiní.

87. Aadóó shį́į́ índa tó nts'ósíkoohgóó náánéiltee' íie. At'ééd naa'azílí yah íilwod jiní. Yich'į̇' yigééh hayíí'ạ́ jiní. T'áá áko ha'át'éego lá diné t'áágééd naniná. Diné wolyéii t'éí bee yá'áhoot'ééh, ní jiní. T'áá ákǫ́ǫ́ shídạ́ạ doo.[9] Chizh naa nashjid doo, ní jiní. Yé'iitso t'áá yiyisxínígíí lá shikạ' doo, dishnii ni', bijiní jiní. Ha'át'íísh yé'iitso yidiyoołhééł, doodago ádíní, ní jiní. Da' t'áá aaníí ádíní, ní jiní. T'áá lá aaníí ádíshní ni', t'áá yé'iitso yiyiisxínígíí shikạ' doo, bijiní jiní. Ts'ídá t'áá aaníí ádíní, ní jiní. T'áá lá aaníí ádíshní ni'. T'áá yé'iitso yiyiisxínígíí lá shikạ' doo dishnii lá. Éí bạạ ch'ééh ádashijiní, bijiní jiní. Da' ts'ídá t'áá aaníí ádíní ya'. T'áá aaníí ákódíní ya', ní jiní. T'áá lá

---

[9]*Shídạ́ạ doo*, nasalized Coyote talk.

aaníí ádíshní ni', t'óósh ádíshní, bijiní jiní. T'óó yé'iitso séłxį jinínígíí
ałdó' dooda. Ts'ídá bik'ayééł índa bitsiizis[10] shaa nizhníyįįgo t'éí
iideeshdlą̄ą̄ł, bijiní jiní. Lá'ą̄ą̄ jó kót'éé lá. Jó t'áá aaníí ádíníí lá. K'ad
bééhodoozįįłínę̄ę̄, níini dah diilwod jiní. Ńléidi nálwod lá jiní. Yiniinaa
t'áadoo iiłhaazh da lá jiní.

88. Aadóó shį́į́ ńléí hoolk'id bikáa'gi yé'iitso yaa nálwo'ę̄ę̄, yah
iilwod lá jiní. Ha'át'íí lá sił naa'aas denaadeeł t'óó naa dahidiilyeed.
Ha'át'íí lá doo diníjáa da lá, yiłní jiní. Táchééh diit'ash, táchééh
ádiilnííł. Jáadii ndeesįh, ní jiní. Iiłkóóh ná diideesh'ááł. Ńdiikooh,
nchxǫ́'ígíí nii' hólǫ́ sha'shin. Éí bą̄ą̄ doo dińjáa da sha'shin, ní jiní.
Hágoónee', shił naa'aash, t'áá lá aaníí ákóńisht'é ni, denaadeeł t'óó
shaa dahidiilyeed, ní jiní yé'iitso. T'áá aaníí jáadii shidíisįh, shił
naa'aash, jiní jiní. T'áá áko diné táchééh yaa ńdiit'áázh jiní. Táchééh
áyiilaa jiní. Tsé yił diidííłjéé' jiní. Aadóó shį́į́ mą̄'ii yę̄ę̄ dah diiyáhí
tł'ohleeh ńléí tł'oh dích'íízh da éí iiłkóóh áyiilaa lá jiní. Éí há diidíí'ą̄ą̄
lá jiní. Ahásht'óózh dóó kóńłtsogo neińjaa' lá jiní, éí bii'jį' jidookoohgo.
At'ééd naa'azílí bįįh bitsosk'id yee yineez'į́įgo yił yílwod lá jiní. Tsahał
dó' honiiyé áyiilaa lá. Ch'éézhoot'ashgishą̄ t'áá íídą̄ą̄' łeeh yiyiitą́ą̄
lá jiní. Bįįh bitsosk'idę̄ę̄ dóó béésh yił yah iinííł'į́į' lá jiní, t'áadoo joo'íní.
Ákohgo shį́į́ ha'át'íí yee' dáádidoogééł, shił naa'aash, ní jiní. Lóo'oo
shí she'anilí hólǫ́ǭ ni, ní jiní yé'iitso. Baa náńdááh, shił naa'aash, hałní
jiní. Anilí yę̄ę̄ análwod léi', t'áá ńt'éé' aadę̄ę̄' bostis siyįįgo ni yigáál jiní.

89. T'áá áko tsé ee'nil jiní. Iiłkoohę̄ę̄ nahí tsíts'éiz'ą̄ léi'. Bíni' nik'e'í
ch'ééniit'áazhgo diidlį́į́ł, ní jiní mą̄'ii. T'áá áko diné táchééh yí'áázh
jiní. K'adéé niidoi. Ch'éédiit'ash iiłkóóh diidlį́į́ł, shił naa'aash, ní jiní
mą̄'ii Hágoónee', jinii ni. T'áá áko alą̄ą̄jį' ch'íji'nah jiní yé'iitso. T'áá
áko iiłkóóhę̄ę̄ há yaayiinil jiní. Bí ałdó' ła' ndi bí shį́į́ éí t'óó át'į́įgo,
Nidlą́, hałní jiní. Hááhgóóshį́į́ ádiizdeeztiih jiní. Bí ałdó' kojí yii
nánt'ááh jiní. Éí shį́į́ t'óó át'į. Ákohgo shį́į́ ahásht'oozhę̄ę̄ hayaa nińtą́,
bí dó' ła' áyaah niideetą́. K'ad niilch'iiłgo díkóóh, ní jiní. T'áá áko
áajį' ntsizhdinígo'ii, ghwe, ghwe, yiits'ą̄ą̄'ii dzideezkwii bíjí ałdó',
ghwé', ghwé', níigo hááhgóóshį́į́ bidáayi'ándilchi'go nákwii. T'ááká
dóóghał, hałní jiní. Ńt'éé' shį́į́ yé'iitso deezkwii yę̄ę̄ hááhgóóshį́į́ ak'ah
bízdeeskwii jiní. Bíhę̄ę̄ éí k'íneedlishii, nahachagii índa ch'osh
yídeeskwii léi' dizáigo shijaa' jiní. Ako jineeshch'il jiní yé'iitso. Hakooh
yę̄ę̄ áyah niideeká, ch'oshę̄ę̄ éí hayah niiníká lá jiní. K'ad díghał,
hałní jiní. Jideeghal ńt'éé' t'óó ahayóigo ch'osh hayaa siką́ jiní. Bí éí

---

[10]*Bitsiizis*, a headbag in which he carried supplies.

ak'ah biyaa yaní'á jiní. Áko lá át'é nidishní ni, nchxǫ'ígíí nii' hólǫ́ǫ́ lá
nidishníí lá. Jó akon nínł'į, ch'osh t'óó ahayói niyaa yaní'á hałní jiní.
Sí (shí) yéé lá ak'ah shiyaa yaní'á. Jó akon nínł'į, hałní jiní.
90. Aaji shį́į́ ákodzaa. K'ad doo niisisaalígóó ániishłaa. K'ad jáadii
ná ndeesįh wóne'é, hałní jiní. Áko shį́į́ bįįh bitsosk'idę́ę́ bééshę́ę́ biłgo
áyah shijéé' yiyah ayíínil. Áko shį́į́ doo joo'įį da. Áko shį́į́ índa diné
yah íí'áázh hach'ą́ą́hjígo nádaah jiní, ch'é'étiin bich'į'jí. Áko shį́į́
wóniijį' nahwiiłt'e'. T'áá shį́į́ bee hodíína' jiniidoi shį́į́. K'ad dooleeł,
hałní jiní. Áko shį́į́ bééshę́ę́ atsosk'idę́ę́ yił hayíínil. Hasootse kóníłtsogo
yaa ayíí'ą́ą́ lá jiní. T'áá áko ts'inę́ę́ atsį' t'áá bąąh hólǫ́ǫ́go shį́į́ íłł'į
bitsosk'id yikáá' yideeztsih lá jiní. Shí átsé leeł jáadii ádideeszįh, ní jiní.
T'áá áko, Bik'i dah dílnih jó akonee', shoo, hałní jiní. Áko shį́į́ ákǫ́ǫ́
bik'i dasdeeznii'. Shoo, lá'ąą, jiní jiní. Díí k'ad sitsį' ałádeesgishgo
ákónaa sits'in k'ídeeshniił, hałní jiní. T'áá áko hadaałt'é ńdoodleeł.
Ni dó' ákóndeeshłííł, hałní jiní. Hágoónee', jiní jiní. T'áá áko
atsosk'idę́ę́ ąą ninłgizh jiní. T'áá áko hasootse'ę́ę́ yee néidiiłne' jiní.
Kónaa sits'inę́ę́ k'ínłne' bik'i náádadílnih, hałní jiní, ákohgo shį́į́
ts'inę́ę́ k'íinłne'go. Jó ákonee' ákónideeshłííł, ni dó', hałní jiní. Ts'inę́ę́
nahgóó yił ádoolchid léi' tu, tu, pu, pu, pu, pu,[11] Hadaałt'é
nándleeh. Tu, tu, pu, pu, pu, hadaałt'é násdlį́į́' ní jiní.
91. Kon bik'i náádadílnih, hadaałt'é násdlį́į́', ní jiní. Héí, yáá,
shoo, jiní jiní. T'áá áko, Aadę́ę́' kǫ́ǫ́ ndiníl'éés, hałní jiní. T'áá áko
hatsosk'idę́ę́, Ákóó kad nitsį' ąą iishgish, hałní jiní. Ákohgo shį́į́ hats'į'ę́ę́
ąą deeshgizhgo chahozdeesłe'. Éíí, hąh, hąh, hąh, éíí, jiní jiní.
Ákohgo shį́į́ áajį' hatsį'ę́ę́ ąą ninłgizh hats'inę́ę́ daashį́į́ ńzaadjį'
yadeełgizh. T'áá áko hasootse'ę́ę́ yee hats'inę́ę́ k'íinłne'. Bik'í dízhah,
Hadaałt'é nándleeh diníigo, hałní jiní. T'óó shį́į́ há nahałt'i'go ání.
Tu, tu, tu, tu, hadaałt'é nándleeh, ch'ééh jiní jiní. Háadi lá ts'in
hadaałt'é násdlį́į́', níi ni hats'ą́ą́' dah dii'na' jiní tł'óógóó. Tsihał tł'óogi
łeeh sitánę́ę́ aadę́ę́' tł'óódę́ę́' honiiyé dah yootį́į́lgo aadę́ę́' nihijí'na'.
Kodę́ę́' t'áá ch'íjí'néehgo hats'iiyaa adzíłhaal jiní. Éíí. Dooládó doo
jiiníba' da lá, jiníigo joo'nahą́ą t'ah yówehígo anáhoodlaa jiní. T'áá
áko shį́į́ hats'iizisę́ę́ hak'ayéłę́ę́ yihiiyíłhan ni' nihiiníyí jiní.
92. Tsé yiyi'í hoolyéedi ńnáánálwod ts'iizisę́ę́ t'áá yooyéełgo.[12]
Áadi shį́į́ ha'át'éegi shį́į́ ni' tát'ah hoolyéegi naashjaahí k'éédídléehgo

[11]Imitating the sound of spitting lightly.

[12]*T'áá yooyéełgo t'áá...go*, he could have left it but carried it along anyway.

niná'ńłt'įįhgo át'į jiní. Ákwe'é shį́į́ biiská. Dził ná'oodiłiidi nálwod jiní,
t'óó ha'oo'áłígo. T'áá shį́į́ áko índa dah diilwod ńléí tó nts'ósíkoohgóó.
Áadi yílwod jiní ńléí tsé ts'eestáán t'áá ní'áagi yikáá' hidilyeed jiní.
Ńléí niní'áadi bidaa' néiltih jiní. Aadóó shį́į́ índa at'ééd naa'azílí yaa
náánálwod jiní. Ts'iizisę́ę hoł yah ayííyį́ jiní. Yé'iitsohę́ę hoyéłhį́ ákǫ́ǫ́
hats'iizisę́ę índa hak'ayélę́ę, ní jiní. Yé'iitso t'áá yiyiisxínígíí shiką'
ádeeshłííł dinínę́ę. Éí kǫ́ǫ́ k'ad séłhį́. Ákon nínł'į́, hałní jiní. Dooda éí
ha'át'íí shį́į́ bik'aayéél áńł'į́. Ha'át'íí shį́į́ bitsiizis áńł'į́, bijiní jiní.

93. Ákwii shį́į́ bił ákó ahizhdi'níí, ńt'éé' ákwii nahach'id náádzídzá
jiní. Ch'élwodii yę́ę ńléí wóók'ą́ą́ góne' dah naazį́ bizé'ę́ę hak'ąąsgo
nahach'idę́ę shį́į́ ńláahdi yigééh haa náájíí'ą́. Ch'ééh náájiigeeh jiní.
Aadę́ę́' shį́į́ nináánálwod mą'ii ákwii. Nahjí hazhó'ógo ałch'į' yájíłti'
jiní. Ha'át'éego lá adiigeeh lą́ą, doo la' chohoo'įį da, diné la' ch'ééh
ádaat'į́ jiní jiní. Ńt'éé' hach'į' haadzíí' jiní. Doołjééh t'áá łą́ ninííyínígíí
éí shiką' doo, hałní jiní. T'óó shį́į́ áhálníigo. Aadóó hiłiijį́įhgo, Hodiitał,
sił naa'aas, níigo náhodeez'ą́ jiní mą'ii. Nijóózh [13] shinijóózh shigąh lá
bíjahdiłí yoo'áii yé'iisgo lá. T'áá áko deezhchííl jiní. Nahach'id ájiní
jiní, Ha'át'íí lá shił naa'aash, shitah áhoołts'ísí nihizę́ęs bíneel'ánígo
ndzaas, diní, ch'ééh bijiní jiní. Tł'éé' bíighah ńchíilgo yiiská jiní.

94. Hoos'įįd ńt'éé' t'óó ayói áhoot'é jiní. Tł'oh nástasí yę́ę bilátahi
t'éí ndadisał jiní. T'áá áko diné deeshzhee'í ééyee [14] jiní. Aadóó éí mą'ii
yę́ę t'óó baa ha'iijeehgo t'óó baa ąą áhájeehgo ákǫ́ǫ́. Nahach'idę́ę éí
adzósts'in jiní. Bí éí híiłch'įįhgo naaki béét'óodgo hayíiłdiz lá jiní.
Łahjí yę́ę éí hééł dijoolí nináyiiznil lá jiní, dooda dó' bidáát'óódgóó
nizhónígo shį́į́ niyéé'iiłts'ingóó. Aadóó shį́į́ aadę́ę́' náálwołgo náá-
dzoots'ingi hak'i dahiswod lá jiní, híiłch'įįhgo. Ákwii shį́į́ tsé hadah
yiismááz aadóó hayélę́ę heeł dijoolí yę́ę yiyah yii'na'. Naaki nchǫ́ǫ
béldiz t'éiyágo neiléhę́ę t'áá áajį' hah ayíiłdéél lá jiní.

95. Áádóó shį́į́ hayélę́ę ńléidi yił náálwod. Hágoshį́į́ k'ad, ní jiní.
Doo dó' t'áá nihíjíjahgigo hozhnó'ąh át'éego shaa naa'azhjééh, ní jiní.
Áłt'ąh hó'ígíí aadi ájooníił. K'ad t'áá shį́į́ gééd nízhdoodáął, ní jiní.
Hágoshį́į́ iishheeh, ch'ééh níigo. Dooda ła' t'áá ájídingoósh, bijiní jiní.
Yáadish baa nzhdoogaał aadę́ę́' shį́į́ k'ad t'áágééd ńjoolwoł, ní jiní.
Hááhgóóshį́į́ ch'ináálwo'góó ńdít'į jiní. I'íí'ą́ bitł'eeyah aadę́ę́' yah
ańdzoodzá jiní t'óó ayóígo hwéét'óodgo. Bigahą́ą biyaají' ajíiłdéél jiní.

---

[13] Coyote slang. *Nijóózh* for *ndzas*, it snows; *gąh* for *gah*, rabbit; *bíjahdiłí* for
bizaa'dił, mouth blood.

[14] Lengthened *ééyee*, not sure of success.

Dooládó' ayói ánt'éé léi' nanináá lá átsé hashké mạ'ii, doo jiiníba' da lá. Tsé shidah híínílmą́ą́z léi', hojoobáago ałtso sheit'óodgo índa hanáásh'na', bijiní jiní.

96. Bigahą́ą́ há'naa yił dah diilwod. Adosdéẹsẹ̀ẹ [15] níi ni. Aají shį́į́ t'áá kọ' diltł'i'ii kóne' ayiistł'ííd, t'óó yideezígo ayiisdláád jiní. Dooládó' dichin sélį́į' da lá, ayóigo dó' eeshghał, níigo biwósk'izẹ́ẹ na'atsihgo sitį́ jiní. T'áadoo adzizyéhí shį́į́ yiską́ ákwii. Hoos'įįdgo t'óó dah ńjiit'áázh jiní. Ńléí dził ná'oodiłígi nínáswod lá jiní mạ'ii. Nahach'id éí háájí shį́į́ ajííyá.

97. Aadẹ́ẹ́' hach'ị̇' náánéilteeh. Áko éí ńléí t'ááłáhígi t'éí hídiilyeed, ńléí tséts'éstáán bikáagi, éí shį́į́ ha'asííd yiniiyé át'į́. T'áá ákwíí jį́ diné ch'ééh da'iiyeeh éí biniiyé t'áá ákwíí jį́ diné ałnáá'át'į́. Áí t'áá binítaahígi áaji' análwo'. Éí shį́į́ bạa t'ááłáhídẹ́ẹ' t'éí ńdílwo' jiní. Aadóó shį́į́ ha'ísidgo doo yigáłígo áaji' dah hiiteeh. T'áá áko, Iishheeh, ní jiní. T'áá ákọ́ọ́ sédáa doo, chizh naa náshjih doo, tó da, ní jiní. Dooda bijiní jiní. T'áá ákọ́ọ́ sédáa doo t'éí nisin. T'áadoo ádíníní. T'áadoo lé'égóó ná choosh'į́į doo, ní jiní. Dooda, náábiji'ní jiní. T'áadoo ádíníní, t'áá shọọdí, t'áá ákọ́ọ́ sédáa doo. Chizh naa náshjih doo, tó da, náhodi'ní jiní. Dooda, náábizhdi'ní jiní. T'áadoo ádíníní, t'áá shọọdí, t'áá ákọ́ọ́ sédáa doo t'éí nisin. T'áadoo le'égóó ná choosh'į́į doo, ní jiní. Dį́į'di nsísyéehii t'áá bíighahdi nnáhoyo'nii'ii éí lá shikạ' doo dishní ni, náábizhdi'ní jiní.

98. Áko shį́į́ díí mạ'ii yee ńdídzihẹ́ẹ bits'ózẹ́ẹ da bitseé' bilátahídi niiníłnahgo shį́į́ át'į́į́ lá jiní. Jó ako, K'ad shiyííłhééh doo hodíína', ní jiní. T'áá áko aadóó, Da' t'áá aaníí, bijiní jiní. T'áá lá aaníí, ánidishní ni. Shiidą́ą́di naa ádinsht'ą́. Hágo, shiyííłhééh, hałní jiní. Da' t'áá aaníí ádíní, náábizhdi'ní jiní. Hẹ́ẹ. Da' t'áá aaníí diníísh, jó naa ádinsht'ą́ ndishní. Hágo shidiyííłhééł, hałní jiní. Da' ts'ídá t'áá aaníí ádíní, náábizhdi'ní jiní. Hẹ́ẹ. Da' t'áá aaníí diníísh. Łe' dineeshdlį́įgoósh ádíshní. Hágo shidiyííłhééł, hałní jiní. Ts'ídá t'áá aaníí ádíní ya', átsé hashké, bijiní jiní. T'áá aaníí ándishní, há'ạa sídzįįsgo sił nizníłhaał. Kóne' éí doo shidiyííłhééł da. T'áá íiyisí naa ádinsht'ą́, hałní jiní.

99. Aadóó shį́į́ índa bits'iiyahgi jizhjihii dasdiidzį́įs, ła' yílk'id há'ạa adzíídzį́íz jiní. Bił nizhníłhaal jiní. Ts'ídá t'áadoo bik'édí náhoodle'í dziisxį́ jiní. Nahjį' ajííłgo' jiní. Aadẹ́ẹ́' ńdzídzá jiní. Názneesdá jiní. T'áá hazhó'ó t'áá yéigo hodíína'go aadẹ́ẹ́' hoł yah

---

[15]Coyote slang nasalized.

anáálwod, hwíighahdóó neeshjį́įd jiní. Kohgo ła' azlį́į́'. Táadi hadziih. Hágoshį́į, ní jiní. T'áá shį́į́ áko dah náázdiidzį́įz naaki yílk'id há'ą̧ adzíídzį́į́z. Áadi bił nnéízhníłhaal. Aadóó tájoozhgish aadę́ę́' ńnáádzídzá.

100. Áłts'éédą́ą́ yę́ę t'óó biniit'ahjį' hodíína'go aadę́ę́' yah anáánálwod, hwíighahdóó nááneishjį́įd. Kohgo naakidi lá, naakidi hadziih. Hágoshį́į, hałní jiní. T'áá áko dah náázdiidzį́įz táá' yílk'id ha'ą̧ anáádzíídzį́į́s. Bił ńnáízhníłhaal. Áadi índa kónishéíigo ńdísne'yii da'níłts'ą́ą́gi adziiskaad. Aadę́ę́' dah ńnáázdiidzą́, t'ahi yah ánjídáahgo. Aadę́ę́' hakéé' yah ańnáálwod, hwíighahdóó nínááneeshjį́įd. Kohgo táadi lá. T'ááłáhídi hadziih. Hágoshį́į, náhodi'ní jiní. Aadóó dah náázdiidzį́įz dį́į' yílk'id há'ą̧ anáádzíídzį́į́s, náádziisxí aadóó índa kónishéíigo ndziisne' dóó łeezh bił jíík'áanii da'níłts'ą́ą́gi ádziisghas aadę́ę́' dah ńnáádziidzá. Yah ánáádzoodzá, t'áadoo dáádi'níbaal hasht'e' nnáhéhí aadę́ę́' hoł yah anáálwod. K'ad lą́ą, bíighah azlį́į́'. Hágoshį́į, ní jiní. Dooda, shilahkéí t'áá ádaadin, éí nináhaaskaigo, ha'át'íí daanii doo, bijiní jiní.

101. Éí shį́į t'óó bił ákó ahizhd'iníigo i'íí'ą́. T'áadoo lą́ aleehí. Aadóó shį́į tł'éego hanaashiijį' bahastł'ahjį' neestį́ jiní. Háahgóóshį́į deesk'aaz lá. Áko déídíłjahgo kǫ'jį' náánásdáa łeh jiní. Wónáásdóó chizhę́ę ałtso yidííłid lá jiní. Yikait'ahjigo aadę́ę́' hach'į' nihiyeelghal lá jiní. Doo sohodóóbéezh da są́ą́zǫ́ǫ́ siyę́ę́yǫ́ǫ́[16] naaki yee k'é níigo. Ndííl'eezgóó sétį́ doo, siyę̧ęyó, ní jiní. Bíighahí baa njigháhígoósh t'éí t'óó ákǫ́ǫ́ sétį́ doo, ní jiní. Hágoónee',[17] bijiní jiní. Áajį' háahgóóshį́į dah náltxǫ', Doo sohodéébéezh da, níigo jiní. Beeldléí yee' shik'iitihgo sétį́ doo, siyę́iyǫ́ są̧ązǫǫ, ní jiní. Hágoónee', jiní jiní. Hwíighahgóó yee' sétį́ doo. T'áá íiyisí doo sohodéébéezh da hanáłii dó' bíighahí baa njigháa doo siyę̧ęyóó są́ą́zǫ́ǫ́, ní jiní. Hágoóne' bijiní jiní. Aadóó hwíighahgóó neeztínę́ę háahgóóshį́į bit'éelni' dah dzigah. Hahá, hahá, doo sohodéébéezh da, siyę́iyǫ́ǫ́ są́ą́zǫ́ǫ́, shi'niidlí, níigo t'áá biyo hak'índiitaz jiní.

102. Wónáásdóó bilizh ni' hahaałdaasgo wónáásdóó mą̧'iilizh dahashchą́ą́' jiní. T'óó yee' bi'diił'áago sétį́ doo siyę́iyóó są́ą́zǫ́ǫ́, ní jiní. Hágoshį́į, bijiní jiní. T'óó yee' iił'áago sétį́ doo, shiyę́iyóó, ní jiní. Hágoónee', bijiní jiní. Hágoshį́į, bíighahígi ídool'įįł jiní. T'ááłáhídi tł'ahidisht'ááh, siyę́iyóó są́ą́zǫ́ǫ́, ní jiní. Hágoónee', bijiní jiní. Táadi

---

[16]Coyote slang for *shiyéyóó shiyé*, my brother or sister-in-law.

[17]*Hágoónee' goó* (rising tone) has more the sound of English "aw."

tł'ahidisht'ááh siyéíyóó są́ą́zǫ́ǫ́, ní jiní. Hágoónee', bijiní jiní. Dį́į'di tł'ahidisht'ááh siyéíyóó są́ą́zǫ́ǫ́, ní jiní. Hágoónee', bijiní jiní. Ashdladi tł'ahidisht'ááh siyéíyóó są́ą́zǫ́ǫ́, ní jiní. Hágoónee', bijiní jiní. Hastą́ądi tł'ahidisht'ááh, siyéíyóó są́ą́zǫ́ǫ́, ní jiní. Hágoónee', bijiní jiní. Tsosts'idi tł'ahidisht'ááh, siyéíyóó są́ą́zǫ́ǫ́. Tsosts'id, tsosts'id, tsosts'id, tsosts'id doo ééhózini da, ní jiní. Hóhę́ę ałdó' t'óó ádídzísził lá ałdó' shį́į́ doo hoł ééhózingóó jiní. Aají' shį́į́ ch'ééh ahodil'ínę́ę ayói át'é haką' silį́į́'. Diyin dine'é ch'ééh ádaat'ínę́ę mą'ii haką' ájiilaa. Tł'éé' bíighah haa ndineedzáago yiską́ jiní.

103. Hoos'į̜idgo bitsą́ ajiilaii hááhgóóshį́į́ biyaazhníką́, ííyą́ą́' jiní. T'áá la' doo hwiih sélį́į́' da, t'óó la' adinéshdlį̜h, ní jiní. Ákohgo shį́į́ halahkéí doo hah nińnádahaljah da jiní. T'áá ákwii haa ałk'ee nihidiilwod jiní. T'áadoo le'égóó há choo'į̜igo chizhgóo da, tógóo da, díkwíí shį́į́ yiską́ sha'shin. Ákogo shį́į́ k'ad la' shilahkéí nináhákáah ni', k'adę́ę haba' ásaadadeeshnił dziniizį́į́' jiní. Ákohgo shį́į́ ásaadadziznil. T'áadoo hodina'í t'áá áko, Dichin shi'niiłhí, ní jiní. Ła' bá hadziizką́ jiní. Dį́į'di bá hajííką́ągo ásdį̜id jiní. Áko shį́į́ t'áálá'ígi t'éí baa nji'aash yishtéézh t'éí. Ako shį́į́ díí hooghanę́ę mą'iilizh t'éí náhodooyohgo áyiilaa jiní. Ákohgo shį́į́ ná'íldee' jiní.

104. Kodę́ę' ná'ooldahgo shį́į́ haką'ą́ą hééł bine'gó'ąą ajíílgo', t'áá sáhí dzizdáago hoł yah aná'ooldee'. Ákohgo shį́į́ ńt'éé' doo ákóhoot'ée da, doo oolneehí da, kǫ' ndi t'áá daneestsiz ńt'ée'go haz'ą́ jiní. Daa lá hoot'éego áhoot'é, doo la' ákóhoot'ée da, doo la' oolneehí da. Shą́ą' t'áadoo bahat'aadí kohgo nnáhiikááh, jiní jiní, ałą́ąjį' jíłíinii. Didoołjeehéí aadę́ę' łą́ągo didoołjeeh, jiní jiní. Ła' ch'ilwodii aadę́ę' chizh yah ajííjaa'ii ałk'i hizhdiiłkaad jiní. Kǫ' diiltłah ńt'éé' díí hooghanę́ę bii' honiigahgo shį́į́ mą'iilizh hashchą́ą́' jiní. Halahą́ą éí doo ha'atahí sidá jiní.

105. Yáadi lá bee ádoolnííł doo la' asohodéébéezh da. Yáadi lá bíighahígi la' nihee diilwo' mą'ii, jiní jiní. Ch'ó'oołkaad héí. Yáadi lá bee ádoolniił doo la' asohodéébéezh da mą'iilizh. Biyaa dadínéesbáhígíí ła' didoołjeeh woohtihgo, jiní jiní. Kǫ'ę́ę ch'ééheskaad jiní. Aadę́ę' shį́į́ biyaa dadínéesbáhígíí yiti'ii yah anáánájaa'. Dináádooljéé'. Kǫ' diitłahgo t'áá ákónááhashchą́ą́' jiní. Yáadi lá bee ádoolnííł bíighahígi la' niilyeed mą'ii. Ch'ínááhółkaadgo wódahgo dadínéesbáhígíí woohtihgo dináádółjéé', jiní jiní. Ákohgo shį́į́ kǫ'ę́ę ch'ínááhaskaad. Aadę́ę' wódahgo dah dínéesbáhígíí yah anáánáájaa' dináádooljéé'. Ákohgo shį́į́ hééł yine'góó diní'áago dajiłchin. Doo haa atah da jiní áko halahą́ą.

106. Kǫ' náádiiłłahgo t'óó sei'ádin náháshcháá', t'áá yówehígóó. Ákohgo shį́į́ hózhǫ́ hooghan náhoniidoigo, Hoo, yáadi lá át'é. Ch'óhółkaadgo ńléí tsin bilátahdi wódahdi dah dínéesbáhígíí wóótihgo didoołjeeh, jiní jiní. Éí shį́į́ ákónáánályaa, ákwii t'ah yówehígo nááhashcháá' jiní. Yáadi lá bee ádoolnííł ha'át'éegi lá sitį́įgo ayói áhálchin t'áá hanii ákǫ́ǫ́ sitį́, jiní jíní. T'áá shį́į́ bik'ee doo hoł hózhǫ́ǫ da. T'áá biłgo hééł yine'déé' hónbąąjį' nihéswod jiní. Haa lá hoodzaa bąą áshhééhíyóó shiyéíyóó są́ązǫ́ǫ́ shił naa'ąąsǫ́ǫ́. Ha'át'éego lá dashoołchin, ní jiní. T'óó yaa dadízneestą́ą́ lá jiní, halah da'ílínę́ę.

15

How People Killed Coyote

107. Aadóó shį́į́ índa ásaa' da'azhjéé', diné tsą́ ádadiilyaa. Aadóó diné da'ííyą́ą́' mą'iilizhę́ę́ náhodooyohgo jiní. Haleehgo ádziidzaa lá, t'áá hazhó'ó nihilah bich'į' nihíni' ádaaz'áá ńt'éé'. Ákǫ́ǫ́ t'áadoo le'égóó bá chojoo'į́į doo, bijiní jiní. Nahjí hatsilíkéhę́ę́ bich'į' hadzoodzíí'. Ha'át'íí lá t'áá ádahwiińt'į, ńláahdi ił ńdoołt'ih, áajį' nahísíitą́ą doo, ayéhí[18] hólǫ́ǫ́goósh ha'a'aahjí ił ńdeest'i' dóó chizh ńdayiiznil. Áajį' ch'í'íldee' jiní. I'íí'ą́ jiní. Aadóó hááhgóóshį́į dloh diits'a' jiní. Wónáás-dóó sin diits'a' jiní. Áin[19] ts'ídá shin bąą áhá'ní. Daa dashą' hoot'ée doogo áhá'ní, jiní jiní, alą́ąjį' jílínę́ę. T'áá akwíits'a'go hoos'į́įd hayíiłką́ągo índa nahodiníiyeel jiní. T'áá ákót'éego dį́į́ dahwiisą́ jiní. Ałtso biiyilyáá lá jiní. Doo azééhodooleełgi, éí biyoł ńnéidil'į́hę́ęgi ałtso bohoo'ą́ą́' lá jiní.

108. Nahdę́ę́' hayíiłką́ągo, Tsį́įłgo tsą́ądadołne', náádadiiljah, jiní jiní. Nahí ch'iyáán baa ńdiildéehgo áadi bił yah ajííyá jiní. Dadiiljah, bijiní jiní. Haleehgo ádziidzaa. Shiyé nihilah bich'į' nihíni' íí'áá ńt'éé'. T'áá ákǫ́ǫ́ nihá baa áhojilyą́ą doo, nihá binjoogáał doo, chizh bá ninájiijáahgo tó bá ninájiijáah doo, bijiní jiní. Hatah isą́ął doo[20] hak'ijį' ídeeshnih, hałní jiní. T'áadoo ájíníní, bijiní jiní. Jó nihilah bich'į' nihíni' íí'ání, éí haleehgo ádziidzaa. Ákǫ́ǫ́ nihá baa áhółyą́,[21] bijiní jiní. T'áá nihitah deesháął, nihik'ijį' ídeesnih, ní jiní.

---

[18]*Ayéhí*, the married one, that is, the newly wed man.

[19]*Áin*, Eh! implies disapproval. Some misfortune is bound to occur. Sandoval

[20]Polite address by Coyote who nasalizes vowels and substitutes *s* for *sh*, etc.

[21]*Baa áhółyą́*, two Dual Continuative Impf. The brothers use polite address forms.

Ákohgo shį́į́ bits'áá' ts'éédzídzá. Ńláahdi hak'isóó yę́ę́ bił yah
ańdzoodzá jiní. Nihitah deesháał, ní atsé hashké, nihik'ijį' ídéesnih
ní, jiní jiní. Dooda, t'áá hazhó'ó nihilah bich'į' nihíni' ádaaz'áá ńt'éé'.
T'áá ákǫ́ǫ́ nihá binááł doo ch'ééh bidishníigo t'áá nihitah yisháał doo,
ní, jiní jiní.

109. T'áá shį́į́ áko diné da'íiyą́ą́' abínígo. Aadóó diné dadeeshjee'.
T'áá áko hakéé' dahiite' lá t'áá ńt'éé' ńléígóó hwéelwod jiní, t'áá hatah
doo, níigo. Áádóó shį́į́ bił dadíljee' daa shį́į́ nízádí t'áá ooldaah ńt'éé'
kǫ́ǫ́ tsétah dibé ayói da'át'é ná'áázhlą́. T'áá tsé dáágodi íí'áázh lá jiní.
T'áá áko njiiyeejéé' jiní, kwe'é ahił la' jińdáahgo ádazhdiilyaa jiní.
T'áá áko hágoshį́į́ nihik'ijį' í'noołníí', shiyé, bijiní jiní. T'áá áko yikéé'
dah diilwod jiní. Yikéé' eelwod jiní, t'áadoo ts'ídá kóńzah nihoolzhishí
aadę́ę́' t'áá yitséek'i dah sizį́igo yił ahaikah jiní. Chą́ą́' bídeideez'ą́ jiní
t'áá ála. T'áá shį́į́ ałah naaztseed. Ła' yik'i daneeshjį́įd, Shį́ adeegǫǫzh
bąą ashę́híyǫ́ǫ́, níigo ni' yik'i dah sidá jiní.

110. Ákohgo shį́į́ éí bidee'ígíí ak'ahgo nashgǫǫzhgo bidee' ńt'éé'
jiní. Áko shį́į́ iiłhéehii doo baa ndit'a' da. Dooda, bijiní jiní. Dį́į́'di azlį́į́'
jiní, t'áá shí ádeegǫǫzh, níigo, Dooda, bijiníigo. Aadóó shį́į́
ńda'as'ahgo adee'ę́ę k'íjígeeshgo baa nízdiidzá. Ts'in nándleeh, ts'in
nándleeh (whisper), bijiní jiní. Dooda, ak'ah nándleeh disníi yee',
ní jiní. Aadóó adee' k'íjígéshę́ę t'óó bąąh joolgishgo, ńléí bilátahjį' bąąh
jidiigizh jiní. Éí shį́į́ bąą bidee' doolk'ool éí t'áálá'í ákójiilaaígíí ts'ídá
t'áá át'éé ńt'éé' ałtso bidee' baazhdiigizh lá jiní. Dooládó' t'áadoo
náhodiyinígi da léi' nanináá lá átsé hashké, bijiní jiní, bich'į' doo hoł
hóózhǫǫdgo. Dooda dó' yaa aháłchįįhgóó nahgóó náánálwoł jiní.
Atsį́ę́ kóníshéiigo ahą bizhníkaad, díí biyéél baa ájiilaa. Éí shį́į́ hó
ákót'éego ayói át'é bįįhtso neeznáa da naatsi' ndi ákádajił'į́įgo
ńdajiiyeeh. Áko doo bił andaahgóó ńléí ts'ídá hooghandi índa aa
ádaalneeh. Áadi shį́į́ índa ąą ál'į́igo t'óó ahayóigo hancha'.

111. Ákohgo shį́į́, K'ad nihizhdoogááł, bijiní jiní. Ts'ídá daa dajit'į́į
da, t'ááká bił jinóoda' íila', ts'ídá ńléí ńdzídzáadi índa, bijiní jiní.
Lą́ą ń jiní. Díí nihí t'áá ákǫ́ǫ́ ndeiilzheeh. Daash dó' haa hodééni',
íishją́ą́ shį́į́ aa ńdiikah, bijiní jiní. Lą́, ní jiní. Hááhgóóshį́į́ biłę́ę
ákóni'iileeh, jiní. Áádóó shį́į́ heełę́ę yoołjiłgo niheelwod jiní. T'áadoo
náhodíníilzhishí t'ááká bił noóda' bidi'nínę́ę yił neeshjį́įd lá jiní.
Nínéidiłjiid ńt'éé' t'áá ndaazgo néidiłjid jiní. Yówehdi yił nááneizdáá
lá jiní. Yił nahastsaad léi' doo hahda neidiłjid lá t'áá bíyó yił tádoo'na'
lá jiní. Yówehdi yił nááneeshjį́įd lá jiní. Ch'ééh yiyííł'į́įd lá jiní. Ła'í
hayiizhil léi' tsin yąąh yiiztł'in lá jiní. Aadóó t'áá bighą́ą́dígíí dah
néidiłjid lá jiní. T'áá yówehídi ni' nínáánéińłjid lá jiní. Aadóó ch'ééh

néidiiłjidgo ch'ééh ayííł'įįd lá. Wónáásdóó yíł yi'na' lá tsiyaaji' aadóó t'óó tsin yee haidiilaa lá nááná łahdóó aadóó ła' t'óó shą́ą́' ndeeznil lá jiní. 112. Aadóó tó nts'ósíkooh bidáají' haaswod lá jiní. Atsį'ę́ę t'áágééd ákóyah shį́į́ táshchizhí dine'é na'ashjé'ii dine'é kééhat'įįgo diyin dine'é nilį́įgo bidááhdę́ę́' haayá jiní. Wu, ní jiní. Shóóú, yáadi lá, shóóú, ní jiní. Ch'ééh da'oohhéhę́ęgi ákwii aséyeeh. Áádóó naasą́ (naashá), ní jiní. Ha'át'íí lá nihi'áád danchǫ́'í shį́į́ biwoo' ndaneeshzhee la', ní jiní. Nihí ałdó' t'óó danohchǫ́'í. Shí éí shi'áád ayóí ánolnin at'ééd na'azílí ayóó ánolnin, ní jiní. Ákohgo shį́į́, T'áadoo áníłtahí yówehdi naniná, mą'ii átsé hashké, t'áadoo nihats'ídígíi da, t'áadoo náhodiyinígíi da. Yówehdi naniná, dabijiní jiní. Hę́ę́, ní jiní, Mą'iis átsé haskę́'és naaznimą'ís hadzizke'ís hastiin hóyánígíi doósh hozhdóne' át'ée da, ní jiní. Shí lá t'éí nihá honisą́ ni, ní jiní. Wónáásdóó t'óó dajijoosłáá jiní bich'į' nááázhdiijah jiní. Hááhgóóshį́į́ dah néilteeh jiní. Yáadi lá bee ádoolnííł nashjé'ii hastiin nashjé'ii asdzą́ą́ bi'nołnííh, hodoo'niid jiní. Áko shį́į́ nashjé'ii hastiin nashjé'ii asdzą́ą́ bi'ílnii' jiní.

113. Ákohgo shį́į́ t'áá áyídígo nnáánádá, mą'ii bizahóóchįįhgo. T'áadoo baa ńdaaht'íní bíni' naaghá, dajiní jiní. Ákohgo shį́į́ nashjé'ii hastiin nashjé'ii asdzą́ą́ biłgo t'áá áłah biláahdi nadziztł'ó jiní, hatł'óól bee. Áko lá bich'ąąh ndzistł'ó, jiní. Nashjé'ii hastiin nináádzistł'ó jiní. Nashjé'ii asdzą́ą́ nináádzistł'ó jiní. K'ad, hodoo'niid jiní. Áko shį́į́, Soołtį', t'áadoo bíká dasoohti'í bich'į' dah didiijah, ts'ídá t'áá awǫ́łi bee. Ná'ookąąh ndi bił taidiijaa', dajiní jiní. Ákohgo shį́į́, Soołtį', hodoo'niid jiní.

114. Aadóó shį́į́ bich'į' dah adiilyiz jiní. Hááhgóóshį́į́ yaaltááł jiní. Bich'į' naanáyootsihgo dah diilwod jiní. Áko shį́į́ ach'ą́ąhgi nashjé'ii hastiin ndzistł'ónę́ę yii' yílwod jiní. Nashjé'ii asdzą́ą́ ninádzistł'onę́ę yiyi' yílwod jiní. Nashjé'ii hastiin nnádzistł'ónę́ę yiih náánálwod jiní. Áko shį́į́ t'áálá'í yidziih. Áko shį́į́ k'adéeni' diné béjeeh jiní. Hááhgóóshį́į́ nanánolniiłgo yílwoł jiní. Nashjé'ii asdzą́ą́ nnádzistł'ónę́ę éí shį́į́ t'éí yidziih. Éí doo yiih yílwod da jiní. T'óó yídeezgo' jiní. Ákohgo shį́į́ bił dazdeezdéél. Ákohgo shį́į́ hááhgóóshį́į́ diwosh hajíł'á jiní. Bikágí yéeni' kóníłtsázígo bił tajoozhjéé' jiní. Hatsii' ńdadzist'í jiní. Táshchiiji dine'é hatáá ndadzisgaígíi éí mą'ii bikágí yéeni' át'é jiní. Aajį' shį́į́ ałtso bił tajoozhjéé' jiní mą'ii yę́ę átsé hashkéę́ę dadzisxí jiní.

16

Changing Bear Maiden

115. Ákohgo shį́į́ diné yits'ą́ą́' dah ńdiidzáhą́ą ádahashjéé'éeni' éí shį́į́ nnádahashjéé' jiní. Bilah sidáhą́ą́di ná'íldee' jiní. Áko shį́į́, Hoł oohkai yéeni' háaji ajííyá, ní jiní ch'ikę́ę́h shash nádleehí. Yáadi lá óolyé, shą́ą́' aadę́ę́' t'áá íídą́ą́' ańdzoodzá ni' ajííyíi ni'. Dahasołxį́įgo lá ádadohní ni'. Aadę́ę́' ańdzoodzá t'áá íídą́ą́'. Dahasołhį́įgo lá ádadohní ni, hak'ee dadinohniih lán dahojoołáa láani. T'áá íídą́ą́' ańdzoodzá héí, iijííyį́, jiní jiní, alą́ąjį' jilíinii. T'áá lá dahosołxį́įgóó ádadohní ni, ní jiní. Ańdzoodzá ndishní ni t'áá íídą́ą́', ańdzoodzá aadę́ę́' iijíyį́įnii. Ha'át'ííshą' biniinaa hak'ee dadiniih ni doo. Aadóó shį́į́ tsi'yádeesti' jiní. Hak'ee dadinoohniih, dahojoołá lán, ní jiní. Ákohgo shį́į́ bits'ą́ą́' ch'íldeeh jiní.

116. Ha'a'aahjí dził áłts'íísígo si'ą́ jiní. Áko shį́į́ ńláádę́ę́' hayííłką́ągo áajį' biyi' nahodi'ni' yiits'a' jiní. Nahdę́ę́' hayíí'ą́ągo kodóó bilátsį́įdóó ditł'ogo hanán'na' jiní shash bíla' nahalingo. Bįįh bits'in bitsaagaii yéeni' biwoo' áyiilaa jiní. Bijáí yéeni' bits'óséeni' biyóléeni' bidiłéeni' noyishchį́ lá jiní. Aadóó dahite' nihookáá' shá bíighah ch'ééh át'į́įgo i'íí'ą́ą́ lá jiní. Táshchizhji yaa tihiilwod lá jiní. Ałtso ahidabiskai jiní, bik'a' bee. Áko shį́į́ bidił ádingo biyol ádingo bijéí ádingo bits'óós ádingo, áko shį́į́ doo ńdídzihgóó át'į́ jiní. Mą'ii biką' áyiilaahą́ądą́ą́' dį́į́'di náyiisyį́įgo náhonii'éeni' (bitsee' látahdi) biyol bijéí bits'ós bidił éidí bitsee' látahdi niiníłna'ą́ąni'. Éí shį́į́ ałtso biihiilyáago ałtso yóhooł'ą́ągo éí shį́į́ yee át'į́.

117. Áko shį́į́ táshchizhii dine'é bik'a' yee ditł'ogo nálwod jiní. Áko shį́į́ t'óó ahayóigo diidííłjéé' jiní kǫ' yináágááł jiní. Naayee éí la naayee ééyee lá bich'į' náádísdzáa yee', K'a kę́ shash nádleesh, shí nishłí yee'go bich'į' náádésdzáa yee'go, K'a táshchish dinéyo bik'a

beeezhe bąąh hahíkąąshee, Ts'ídá bí áliiil bąąh nanídeeshee, Ts'ídá bí aliiishee bąąh nanooltii, Naayee ééyéé lá naayeé yéé la bich'į' náádísdzágo lá yáánéé'. 118. Ákónát'į jiní k'aa'ąą ałtso bąąh hahaaskai. Nááneiská jiní. Nahdę́ę́' ha'íí'ąągo bigaan bik'éé'áádóó dah díítł'o lá jiní. Aadóó shį́į́ doo nóda'ádzaa da jiní. Yák'áshbaah ńnéiłtįįhgo ch'ééh ánáánát'įįhgo anáá'oot'ą jiní. Táshchizhii dine'é yah anáánálwod lá jiní. Ałtso ahináádabiskai lá jiní. T'óó ahayóigo k'aa' bee di'ilgo anáábidiidlaa lá jiní. Anáánálwod jiní, dinéidííłjéé' jiní. Ko̜' yináánádą́ą́ł jiní, k'aa'ąą baa háhákááh jiní, baa nandéé' jiní, bąąh nanoltin jiní. 119. Ákohgo shį́į́ bijéí bits'os bidił biyol binǫǫ'go doo ńdídzihgo át'į́į́ lá jiní. Nááneiská jiní. Dził ałts'íísí si'ánę́ę ha'a'aahjį' yiní'íínil jiní. Hayííłką́ągo áajį' biyi' hodiits'a' jiní. Nahdę́ę́' ha'íí'ąągo t'áá át'é bikáá' ditł'oo lá jiní. Aadóó dah nááneiste' ńléí ts'ídá t'áá át'é ch'ééh ánáánát'įįgo anáá'oot'ą́ą́ lá jiní. Táchizhii dine'é anáánálwod jiní. Ałtso anináádabiskai jiní. T'óó ahayóigo k'aa' bee ditł'oogo nnáánálwod jiní. Dinéidííłjéé' jiní. Yináánádą́ą́ł jiní. (Song as above.) 120. Áájí shį́į́ kódzaa k'aa' ałtso baa hahaskai jiní. Ákohgo shį́į́ náánéiská. Nahdę́ę́' hayííłką́ągo dził ałts'íísí si'ánę́ę yiníí'íini léí áajį' biyi'jį' bii' hodiits'a', nahdę́ę́' hayíí'ąągo ayói át'é shashtso haayá jiní. Díí lá ayói át'éé lá, sitsilíké, ts'íí daashin bąąh áhát'į́ ńléí lá nihilaháani' daa lá hoot'é. Ayói át'é shashtso haayáago dazhnééł'į́į́' jiní. Háadish dahinii'náa doo, háadish ndeiikai doo. Ałtso lán nihiiniildéelgo át'į́. Ła'ísh ánihidoosįįłgoó át'į́, jiní jiní, alą́ąjį' jíłíinii. Jíík'eh t'áadoo ééhózini bits'ą́ą' taidiikah, jiní jiní. Ni éí jíík'eh t'áá ákǫ́ǫ́ áá iidíít'eeł, hojiní jiní, akéédę́ę́' jílínę́ę, lók'aashchąą'i[22] jílínę́ę, éí hojiní jiní. 121. Hooghan góne' honik'eh góyah há hahodziiznil jiní. Ákóyah hast'e' hájiilaa[23] jiní. Tó dó' hájiilaa jiní. Kodę́ę́' shádi'áahdę́ę́' áádę́ę́' iijíínil jiní, konik'eh góyah há'iijíínilę́ę éí bił ahihodiidzą́ągo há ájiilaa jiní. Ákóyah ajííyá jiní. Hak'a'áani' ákóyah ajííjaa' jiní. Tsé át'ą́hí hadáázhdiní'ą́ jiní. Łeezh hak'i dziiziid jiní. Ditą́ągo jiní hak'i hodziiziid jiní. Hak'i hodziiziidę́ę́ hakáa'gi diizhdííłjéé' jiní. Kodę́ę́' shádi'áahdę́ę́'go ahoodzą́ągo áádę́ę́' shį́į́ ńléí dzizdáagi bił ahihodii- dzánę́ę áádę́ę́' bee nízhdídzih jiní. Haadaa yéét'ee łeh. Łahda daats'í

---

[22]*Lók'aashchąą'i*, Sloppy, a nickname for the youngest of the family, probably because this youngest brother was ugly, covered with running pus of the eye, and having a running (snotty) nose. Curly

[23]Drawn together for *há ájiilaa*.

t'áá áá nihidoosįįł, hojiní jiní, lók'aashchąą'í jílínę́ę áhojiní jiní. Áádóó shį́į́ tahjooyá[24] jiní. Łats'áada jilt'éego t'áadoo ééhózini tahjooyáoo[25] jiní.

122. Nínáánálwod jiní, ch'ikę́ę́h shash nádleehí. Ákohgo shį́į́ ch'ééh át'į́ jiní, ch'ééh hákantá jiní, bilahkéhę́ę ch'ééh yíkantá jiní. Aadóó shį́į́ bijéí yéeni' bits'óséeni' bidiłéeni' biyoléeni' t'áá ákwe'é nooh néilchííh lá jiní. Áádóó shį́į́ nikihodiłkáá' jiní. Aláąjį' jilínę́ę ha'a'aahjį' dashdiiyáá lá jiní, hwíinłkáá lá jiní. Hwiisxį́į́ lá jiní. Ałtso noohwiizhnizh lá jiní. Akéédę́ę́' jilínę́ę hónéinłkáá lá jiní, shádi'ááhjigo. Náhwiisxį́į́ lá jiní, nnáhwiizhnizh lá jiní. Náá'akéédę́ę́' nájílínę́ę e'e'aahjigo dashdiiyáhą́ą hó néinłkáá lá jiní, nináhwiisxį́į́ lá jiní, nináhwiizhnizh lá jiní. Náá'ákéédę́ę́' nájílínę́ę náhookǫsjigo dashdiiyáháani' hó néinłkáá lá jiní, nináhwiisxį́į́ lá jiní, nináhwiizhnizh lá jiní. Áádóó shį́į́ t'áá bitahgóó tajooyáháani' ałtso noohwíiyiiskáá lá jiní. Ałtso hooghą́ą́' lá jiní, ałtso noohwiizhnizh lá jiní.

[24]*Tahjooyá*, each one individually walked. They scattered out.

[25]Lengthening of syllable *yáoo* is to denote uncertainty of the future.

17

The Youngest Brother

123. Áko shį́į́ lók'aashchąą jilínę́ę́ éí shį́į́ t'éiyá ájídin jiní. Aadóó shį́į́ ch'ééh át'į́igo ch'ééh hákantáago nináhályeed jiní, bighanę́ę́di. Há'át'ééjí lá sitsidlí, há'át'ééjí ííyáá lá, ní jiní. Há'át'ééjí silį́į' lá, ní jiní. Haa'í lá doo niilwod da jiní. Nik'áshbą yák'ashbą aadóó díí nihook'eh t'áá naaz'ą́ą́ ńt'éé' yikáa'gi ch'ééh áát'į́id jiní. Áko ájídin jiní. Nínáánálwod jiní. Há'át'ééjí lá sitsidlí ííyáá lá, ání jiní. Yah alwod jiní, tah jooyáhą́ą́ góne' jiní. Haa'ishą' adeeshchį́įł, ní jiní. T'áá shichaan naa'iiwodjí ákǫ́ǫ́ sitsidlí ííyáal doo, ní jiní. Azhchą́ą́' jiní, ńt'éé' bichaanę́ę t'áá yaa'á jiní. T'áadoo naa'iiwod da jiní. Haa'ishą' adeeshlish, ní jiní. T'áá shilizh t'áá deezgo'jí sitsidlí ííyáa doo, ní jiní. Azhlizh jiní, t'áadoo náádeezgo' da jiní, t'óó łeeh sinootsee' jiní. T'áá ga' kóyah sitsilí hólǫ́ lán, jiní.

124. T'áá áko hooghan bitsį́įgi ahééníníl jiní. T'óó náábiniit'aají' ahéénínáánínil jiní. T'óó náábiniit'aají' ahééńnáánínil jiní, konik'ehę́ę́gi. Áko shį́į́ dį́į́'di ahééníníl jiní. Ńt'éé' tsé yizghaz jiní, tsé át'ą́hí yę́ę yizghaz jiní. Hadááh diní'ą́néeni' nahji iiyíí'ą́ jiní. Ńt'éé' kǫ́ǫ́ dzizdá jiní, Lókaashchąą'í jilínę́ę. Ahálάaneeʼ, sitsilí, sitsidlí, ní jiní. Aadę́ę́' hasíníná wóshdę́ę́', hasíníná. Yaa' ni'niiłxį sha'shin, ná adeeshhą́ą́ł, ní jiní. Dichin ni'niiłhį́ sha'shin. Dibáá' ni'niiłhį́ sha'shin, sitsidlí, ní jiní. Áko shį́į́ bijéí bits'óós bidił biyol binǫǫgo doo ńdídzihgóó ánii lá jiní. Áko shį́į́ níłch'i hak'i hoole' lá jiní, lókaashchąą'í jilínę́ę. Díí hajaa' díí náneest'e'ígíí t'áá bik'ehgo hąąh dahiszid lá jiní. Éí shį́į́ k'ad hoł hodoolnihgo hąąh dahiszid lá jiní. Bijéí bits'óós bidił biyol binǫǫę́ę éí shį́į́ bił bééhózingo hąąh dahiszid lá jiní, níłch'i biyázhí, éí bee dzidoodzihgo hąąh dahiszid lá jiní.

125. Áko shį́į́ índa bich'į' hajííyá jiní. Aháláanee', sitsidlí,
náá'ashhą́h yaa' ni'niiłhį́ sha'shin, ní jiní. Ákohgo shį́į́ niłch'i biyázhí
hą́ąh dahiszidę́ęni' hach'į' haadzíí' jiní, hajaat'ahdę́ę́'. Bich'į' doo
adiits'a' da jiní. Hó t'éí jidiits'a' jiní. Ńléí tsé łigaii yaa'áhígi chéch'il
yaagi bijéí bits'óós bidił biyol ákwe'é binǫǫgo át'į́, éí doo ńdídzihgóó
át'į́, hojiní jiní. Íishją́ą́ chéch'il bit'ą' kohgo dah neiyééh. Bikáa'gi
hazéists'ósí íishją́ą́ ákwii yikáa'gi ts'ós ts'ós ts'ós níigo dah na'alzhish,
hałní jiní. Ákogo shį́į́ bich'į' hajííyá jiní. Hak'a'áani' hatsiitł'ólę́ęni'
ńláahgi ch'é'édą́ągi bił dah síníníł, hojiní jiní, niłch'i biyázhí hałní jiní.
K'ad ni'niiłhį́igo ániłní, hałní jiní, hajaat'ahdę́ę́' niłch'i biyázhí. Bił
háíńjée'ę́ęni' ałtso yiyíighą́ą́'. Ni k'ad nináániiłhį́, hałní jiní, niłch'i
biyázhí, éí hoł halne' jiní. T'áá áwółí bee ájít'į́į́ łeh bijéí binǫǫ'éeni'
yabííjii'ááh. K'ad shą́ą́k'ijį' bá ńdaah. Áko shį́į́ shą́ą́k'ijį' bázneesdá jiní.
126. Ch'ikę́ę́h násdlíi'go ayóó anoolnigo áháł'į́ jiní. Shash
náádleełgo ch'ikę́ę́h dóó náádleehgo áháł'į́ jiní. Ákohgo shį́į́ há
iiniishóó' jiní. Bichaha'oh jinił'į́ jiní. Ńt'éé' bich'į' hideezhtłizh jiní,
biwo'éeni' ałní'áago. Haa lá ńt'į́, bijiní jiní. Daa sheísht'į́, ní jiní. Há
anáániilzhóód jiní. T'áá ákót'éego bich'į' náhideezhtłizh jiní. Haa lá
ńt'į́, shádí, bijiní jiní. Daa sheísht'į́, jó ná ashhą́, ní jiní. Há anáániil-
zhóód jiní. Bich'į' náhideezhtłizh jiní. Daa lá ńt'į́, shádí, bijiní jiní.
Daa sheísht'į́. Yaa' ni'niiłhį́, jó ná ashóóh, ní jiní. Shádí, sitsiitł'óól la'[26]
ńdiishłééh. Ákohgo shį́į́ ch'é'édą́ągi hatsiitł'óól hak'a' bił dah shijaa'ą́ą
bich'į' dashdiiyá jiní. Názhdiijaa' jiní. T'áá áádóó dashdiilwod jiní.
127. T'áá áko aadę́ę́' hach'į' dah diilwod jiní. Aadóó shį́į́ bił
ahaazhdeesht'áázh jiní. Bijéí binǫǫę́ęni' bich'į' t'áála hoolaahgo t'áá
hwélwodgo tsá'ászi nteelí bitis dashdiilwod jiní. Yiniit'aajį' neeshjį́įd
jiní. Áko bits'ájílwod jiní. Aadóó hach'į' nináádiilwod jiní.
Tsá'ászi ts'óós bitis yah náájiiltáál jiní, yiniit'aahjį' ninááneeshjį́įd jiní.
Aadóó bits'ánáájilwod jiní. Aadóó hach'į' nináádiilwod jiní. Yé'ii
bitsá'ászi' bitis yah náájiiltáál jiní, yiniit'aahjį' hanááneeshjį́įd jiní.
Áádóó bits'ánáájilwod jiní. Aadóó ts'idá t'áá íináwółí bee bits'ánáá-
jilwod jiní. Aadǫ́ǫ́ tsá'ászi' bidee'í bitis anáájiiltáál jiní, yiniit'aajį'
nááneeshjį́įd jiní. Ńt'éé' kǫ́ǫ́ jiní chéch'il bit'ą' dah neeyááh jiní,
bijéíę́ęni' bits'ósę́ęni' bidiłę́ęni' biyolę́ęni' tsizaii yiits'a'go. T'áá shį́į́ áko
t'áá joolwołgo dziskaah jiní, bijéí yę́ę t'áá bizdiisiihgóó haadzíí' jiní.
Sitsidlí, haa lá shílééh, ní jiní. T'áá biłgo deezgo' jiní. Chą́ą́' deezgo'
jiní, bizaadił deesdááz jiní.

[26]Sandoval would rather omit *la'* here.

128. Ńlááhdę́ę́' bijéí dziskahą́ą̨dę́ę́' bijéídiłę́ę̨ yíká haadzíí' jiní. Wóshdę́ę́' shijéí sits'óós shidił shiyol wóshdę́ę́', ní jiní. Kót'éego bidiłę́ęni' ałch'į' nikinína' jiní. Kodę́ę́' hajaat'ahdę́ę́' nǐłch'i biyázhí hach'į' nínáánáádzíí[27] jiní. Haa lá íindzaa ahéédiina'go náádidoolwoł bich'ą́ąh hoozo, hałní jiní nǐłch'i biyázhí. T'áá áko nooltł'iizhgo nizhnílá jiní. Hahą̨ą' hahą̨ą' nizhnílá jiní. Nábidinínáajį' t'áá ts'áhásdon nizhnílá jiní. Hą̨h hą̨h hą̨h jiníigo nináájídlá jiní. Nábidinínáajį' nootł'iizhgo nináájidlá jiní. Hą̨hą̨hą̨hą̨ jiníigo náábidinínáajį' t'áá ts'éhésdon, hą̨hą̨hą̨hą̨ jiníigo nináájidlá jiní. Ákohgo shį́į́ bidiłę́ęni' hodzizo'éeni' biniit'aajį' neesk'ih jiní. Ákohgo shį́į́ índa da'astsą́ jiní, ch'ikę́ęh shash nádleehí.

129. T'áá áko bijoozhę́ęni' hajíiłgish jiní. Ha'at'íí lá díidí tsi'naa'iiłáii lá, jiní jiní. Ákohgo tsá'ászi' nteelí bii' jiyíiłhan jiní bijoozhę́ęni'. Yoołkááłgóó nihokáá' dine'é chonooł'į̨ doo, bijiní jiní. Aadę́ę́' ndeeshjiingo haníísą́ jiní. Ts'ászi' biyidę́ę́ hashk'aan silį́į́' jiní. Bibe'ę́ęni' łahjí hanáájíiłgish jiní, deestsiin bą̨ąhgóó nináájiyíiłhan jiní. Neeshch'íí' dah neesdee' jiní. Yoołkááłgóó nihokáá' dine'é chonooł'į̨ dooleeł, jiní jiní. Bibe'ę́ęni' łahjí hanáájíłgish jiní deestsiin bą̨ąhgóó nináájiyíiłhan jiní. Dah sání tsin yą̨ąh yigááł jiní t'áá ńt'éé'. Yoołkááłgóó nihokáá' dine'é chonooł'į̨ dooleeł, bijiní jiní. Bigaanę́ęni' k'ízhnígizh jiní. Ha'a'aahjigo ajiyíiłhan jiní. Shash diłhiłgo ch'íníyá jiní. Bigaanę́ę łahji k'ínáázhnígizh jiní. Shádi'ááhgóó anáájiyíiłhan jiní. Shash dootł'izhgo ch'íníyá jiní. Bijáádę́ęni' k'ináázhnígizh jiní. E'e'aahgóó nináájiyíiłhan. Shash łitsogo ch'íníyá jiní. Bijáádę́ę łahjį' k'ináázhnígizh náhookǫsgóó nináájiyíiłhan. Shash łigaigo ch'íníyá jiní. Bich'íí' yę́ę tadzoozghaz jiní. Tł'iish áłts'ózí ńda'asdlį́į' lá jiní. Bich'íídílę́ę éí tł'iistso násdlį́į' lá jiní. Bik'ah ńt'i'í tł'iish doo nińt'i'í násdlį́į' lá jiní. Bííghą́ą́nę̨ ni' ha'a'aahgóó anáájiyíiłhan jiní. Yaatsoi éí náánásdlį́į' lá jiní.

130. Ákohgo shį́į́ ha'a'aahjigóósh diiyá.[28] Há'át'éegi lá bił háíjéé' yę́ę sik'isóó yéeni' háadi lá ałtso hóóghą́ą́' lá, dzinízingo dashdiiyá jiní. Ńt'éé' kodę́ę́' díjílt'éego dah adiildee' jiní. Ashkiichil daolyéego ádaat'į́ lá jiní. Há'át'éedę́ę́' lá ánít'į̨ dahałní jiní. Kóoní yee' bił háíjéé' ńt'éé' háaji da'azlį́į' lá nisingo ásht'į́, jiní jiní. Díį́ iiskánd ą́ą́' lá bił háíńjéé'ę́ęni' ałtso bidoogá ni. Há'át'éegishą̨ nihinídzíihgo ádíní, hałní

[27]This is probably an error in transcription and should read *hanáánáádzíí'*, he spoke again.

[28]*-góósh diiyá* is drawn together, but should read *-góó dashdiiyá*.

jiní. Aláąji' jilínę́ęni' ha'a'aahjígo[29] hodisxį́, ní jiní. Akéédę́ę́' jilínę́ęni'
shádi'ááhjígo hodisxį́, ní jiní. Akéédę́ę́' náájídlínę́ęni' e'e'aahjigo
hodisxį́, ní jiní. Akéédę́ę́dę́ę́' náájídlínę́ęni' náhookǫsji hodisxį́, ní jiní.
Ts'ídá ákóhoot'éhę́ęgi hodoogáń ní[30] jiní. Ákohgo shį́į́ tséghá dińdínii
dine'é haa náánákai jiní. Ts'ídá tsxį́įłgo, hodoo'niid jiní, áádóó índa
hoł dah adiildee' jiní. Ha'a'aahjí hodisxínę́ędi hoł íldee' jiní. T'áá áko,
Tsxį́įłgo doo ła' ha'oh idoo'áł da, hodoo'niid jiní.

131. T'áá áko ałtso áłah anínáahodiilyaa jiní. Doo k'aak'ehii
hak'iilkaad jiní. Hatis ńdíldaahgo dį́į́'di hatis adeesdee'go hadaałt'é
náhodiilyaa jiní. K'ad t'áá nihí ts'ídá tsxį́įłgo kojí shádi'ááhjí
hodisxínę́ę, hodoo'niid jiní. Díí k'ad t'éiyá nihikáá' iijéé'. K'ad t'áá
nihí hadaałt'é áńdahołne'. Díí baa nsiikaígíí t'áá bikék'ehgóó hadaałt'é
ńdahołne', hodoo'niid jiní. Aadóó shį́į́ shádi'ááhjí hodisxínę́ę hadaałt'é
nínáahodiilyaa jiní. Dį́į́'di hatis náádeesdee'go hadaałt'é nínáádzisdlį́į́'.
Aadóó hoł dah náádiildee'. E'e'aahjígo hodisxínę́ę áadi hanáá'íldee'
jiní. Áłah anináhodiilyaa jiní. Doo k'aak'ehii hak'i náánéilkaad jiní.
Dį́į́'di hatis náádeesdee' jiní. Hadaałt'é nínáádzísdlį́į́' jiní. Aadóó hoł
dah náádiildee' jiní náhookǫsjí hodisxínę́ę haa náá'ííldee' jiní. Doo
k'aak'ehii hak'i náánéilkaad jiní. Hadaałt'é ánnáahodiilyaa. Aadóó
shį́į́ t'áá bitahgóó tajooyáhą́ąni' ts'ídá t'áá ałtso hadaałt'é ándahojiidlaa
jiní. T'áá hóóghą́ą́ shóíndahidzost'é' jiní.

132. Ákohgo shį́į́ haghanę́ęji' dah ńdiildee' jiní. T'áá ła' jį́ doo ła'
bich'ą́ąh yiską́ą́góó, éí shį́į́ haghanę́ęgi áłah ńdizísdlį́į́'. Éí shį́į́ k'ad
hats'ą́ą́'dóó hatáál dahodooleełgo ádajit'į́į́ lá jiní. Ako shį́į́ mą'ii yéeni'
átsé hashké yéeni' ałdó' hadaałt'é anábidiilyaa lá jiní. Yá'ąąshdę́ę́' ii'ni'
łikizhii, ii'ni' ntł'aii, níłch'i ntł'aii éí shį́į́ bik'i daholį́įd lá jiní. Áádę́ę́'
hadaałt'é ańdabiidlaa lá jiní, doo t'áá bidisxį́į́ ńt'ée' da. Áádę́ę́' bizéé'
nahwiileehgóó hadaałt'é nábidoolníiłgo át'į́į́ lá jiní. Áádóó shį́į́ dah
nábididiil'a' átsé hastiin átse asdzą́ą́. Aadóó shį́į́ ákǫ́ǫ́ yich'į' dah
ńdiidzá. Éí shį́į́ áá yaa anádzá.

---

[29]Or, *ha'a'aahjígo*, as the *jí* seems to have reference to the "side." The tendency
in the pronunciation of glottalized syllables, such as *jí'*, is to raise the tone.

[30]*Hodoogán* is drawn together. *Hodoogán ni*, I am positive he or they were
killed, he said. The rising tone on *gáń* indicates this contraction of the suffix *ni* or *n*
and the verb *ní*.